# 丝路汉语系列教材

**丛书顾问：**西安市人民政府外事办公室

# 编委会

**总主编：**董洪杰

**编　委：**　王　静　　薛亚军　　白晓莉　　刘　宁

　　　　　　段舟杨　　马　娜　　袁晚晴　　秦　岭

　　　　　　柴　闫　　邵　滨　　李　勇

丝路汉语系列教材

董洪杰　总主编

# 汉　字

秦　岭　编著

# Chinese Characters

暨南大学出版社
JINAN UNIVERSITY PRESS

中国·广州

图书在版编目（CIP）数据

汉字 / 秦岭编著. — 广州 ： 暨南大学出版社，2024.9
丝路汉语系列教材 / 董洪杰总主编
ISBN 978 - 7 - 5668 - 3890 - 2

Ⅰ.①汉…　Ⅱ.①秦…　Ⅲ.①汉字—对外汉语教学—教材　Ⅳ.①H195.4

中国国家版本馆CIP数据核字（2024）第 064848 号

# 汉　字

HANZI

编著者：秦　岭

出 版 人：阳　翼
统　　筹：杜小陆
责任编辑：黄志波
责任校对：刘舜怡　黄晓佳
责任印制：周一丹　郑玉婷

出版发行：暨南大学出版社（511434）
电　　话：总编室（8620）31105261
　　　　　营销部（8620）37331682　37331689
传　　真：（8620）31105289（办公室）　37331684（营销部）
网　　址：http：//www.jnupress.com
排　　版：广州良弓广告有限公司
印　　刷：广东信源文化科技有限公司
开　　本：787 mm × 1092 mm　1/16
印　　张：17.25
字　　数：300 千
版　　次：2024 年 9 月第 1 版
印　　次：2024 年 9 月第 1 次
定　　价：99.80 元

# 总序

　　经过几十年的蓬勃发展，国际中文教育已经取得了骄人的成绩。其重要表现除学生数量的迅速增加之外，更有学生学习质量的提高，具体表现是学习需求在广度上不断延展，日趋多元化，在专业化方面也有追求精深的趋势。如何编写适用于不同专业领域、满足不同学习者语言和知识需求的教材，是国际中文教育面临的一大挑战。西安文理学院文学院的教师们在多年教学经验的基础上，于近期研发了针对不同专业学生需求的人文类分众化系列教材，希冀能将语言学习和专业领域知识的探索有机结合起来，在语言平台上作适当延展，以更好地满足不同学习者，特别是高年级学习者的多元化中文学习需要。

　　为了编写好这套针对留学生的专业化、分众化教材，丝路汉语系列教材编委会的教师们在对国内相关教材需求和发展现状进行调查的基础上，听取各方意见，结合各自专长，从中国文学、中国艺术、中国电影、旅游汉语、幼儿汉语、新时代商务汉语、汉字、书法等不同角度着眼，完成了这套汉语教材的编写。

　　这一系列教材的主要特点首先是主题多样化。因涉及不同学科门类，所以在编写体例上不追求整齐划一，但作为丝路汉语系列教材，在内容上均立足西安，辐射全国，兼具地域性和普遍性。其次，广泛吸收各领域最新的研究成果和相关教材的既有优长，通过"读一读"等补充材料使教材兼具科学性和典型性。再次，图文并茂、生动形象地解释和说明学生不熟悉的文化内容；叙述力求深入浅出，充分体现汉语和中国文化对外传播的新理念，具有较强的可读性和较高的传播价值。最后，有些教材设计了实践部分，如让学生自己动手，制作与课文内容相关的艺术作品等；有些教材增加了"看一看"部分，有意识地将书本学习与参观古迹、博物馆等课外活动有机结合起来，以期调动学生的学习积极性，充分利用本地文化资源提高学生的感性认识。

简言之，丝路汉语系列教材在编写方面作出了一些新的尝试和有益的探索，值得业内同行关注。


梁 霞

2020 年底于圣路易斯


（梁霞，美国华盛顿大学东亚系教授、中文语言项目负责人，美国中文教师学会会长）

# 前言

　　《汉字》是一本面向留学生的汉字文化类读物，既可作为教材用于课堂教学，也可作为课外读物，供有一定汉语学习基础、词汇量在2 000以上且对汉字文化感兴趣的汉语中级程度学习者进行自学。本书图文相配，用通俗易懂的语言、众多与汉字字形相关且极具中国文化特色的图片，循序渐进地帮助学习者熟悉字形、理解字义、了解汉字字形源流，加深他们对汉字文化的感知，并让他们对中国的悠久历史、传统文化、人文精神有基本的了解。

　　本书分为常识和文字两篇。常识篇有五章，涉及汉字的起源、汉字的诞生、汉字变形记、汉字造字法及汉字字形结构，介绍了汉字的历史，回答了汉字是什么、汉字是怎样产生和发展的、汉字有什么特点等问题，帮助学习者建立对汉字的整体认知。每章内容后设置思考题和拓展阅读，思考题引导学习者对章节内容进行有针对性的理解探究，阅读材料拓展了章节内容，扩大学习者的知识面，提高学习兴趣。文字篇有六章，分为"人与人体""动物植物""日月山川""衣食住行""宗法军事""传统文化"。每章又分若干节，围绕各个主题重点解读二三十个汉字，所选汉字既是汉语表达中的常用字，也是在汉字构形时常常用到的基本偏旁部首。此篇侧重帮助学生了解常用汉字的基本含义，让学生意识到汉字字义与字形息息相关。每节内容后设置与本节汉字字形字义有关联的阅读材料"小锦囊"，帮助学习者延伸汉字知识；还设置书写练习、拼音注音、添加笔画、辨识形似字等练习题，从注音、字形书写与分析、字义理解等角度巩固学习内容。

　　本书为配合文字解读展示中国优秀深厚的传统文化，特别注重图片选择的多样性。比如，在学习"日""月""牛""羊"这类汉字时，利用甲骨文图片探寻中国古文字的字形源头；在学习"犬""马""虎""象"这类汉字时，借用金器、青铜器、敦煌壁画等图片窥探中国艺术形式；在学习"山""石"这类汉字时，通过风光图片展示中国山川美景。同时还注重用多种艺术形式解读一个汉字，如在学习"鱼"字时，用玉器、铜镜、剪纸等插图全面反映鱼形纹饰的吉祥寓意，让学习者感受到中国人对鱼的喜爱之情。

本书希望学习者在学习中立足已有的汉语基础，不断调动储备的知识，加速转化为语言能力，从而提升自己的读写与阅读水平。本书面向有一定汉语学习基础的学习者，故编写时并没有配套全书的英语翻译，只对所讲解的汉字提供汉语拼音注音和英语注释，并对行文中出现的个别语词进行了汉语拼音注音。

需要说明的是，本书插图来源为图库购买、作者拍摄以及授权使用，如有版权纠纷，由作者自行承担责任。

秦　岭

2024 年 8 月 6 日

# 目录

# 常识篇

# 第一章
# 汉字的起源——美丽的传说

汉字的历史非常悠远。作为中国人一项重大的发明，汉字是谁创造的呢？历史上关于汉字的传说很多，其中有四种说法影响力很大。

## 一、八卦说

八卦是中国古代用于占卜的一套有象征意义的符号。由一个长横"——"（阳爻）和两个短横"— —"（阴爻）构成的八种符号被称作八种卦象。这些卦象用形、音、义结合的方法表达意义，而文字也包括形、音、义三要素，因此有人认为汉字造字受到八卦的启发。另外，汉字的字形也和这八种卦象符号有相似之处，比如"坎"卦就和"水"这个字的字形非常相似。

但汉字起源于八卦这种说法受到很多人的质疑，因为大家认为汉字的数量非常巨大，不可能全都从八个卦象中演变而来，这应该只是人们的一种猜想。

八卦

## 二、结绳记事说

结绳记事是指远古时期人们在绳子上打结记录事件、帮助记忆的方法。古时候，人们为了把发生的事件记录下来，想出一个办法，就是在一根木棍或绳子上绑上长短不一、颜色不同、材质也不一样的绳子，每发生一件事情，就在绳子上打一个结。比如用大的绳结表示重要的大事，小的绳结表示不重要的小事；红色的绳结表示和战争有关的事件，绿色的绳结代表收获粮食的数量等等。这些绳结记录下当时生活中发生的事件，帮助人们记忆，即使事情发生了很久，人们看到绳结还能想起曾经经历的事件。

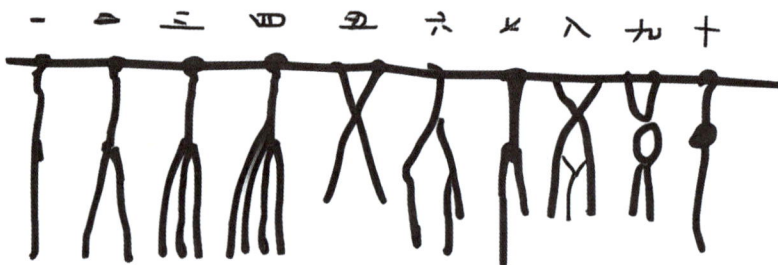

结绳记事

有人认为汉字起源于结绳记事的方法，因为这种打结的方式可能和数字的产生有一定关系。比如一个绳结表示数字"十"，金文的"十"就和绳结很像；两个绳结表示数字"廿（niàn）"（二十），西周早期文字写作"Ⴤ"，也和绳结很像。

但我们发现，结绳记录事件的功能十分有限，仅凭借打结方式和绳子颜色的不同是没有办法全面细致地反映世间千变万化的事件的，尽管少数表数字的字形可能来源于结绳，但很明显，结绳的记录功能并不强。

## 三、契刻说

契刻就是在木板、木棍、竹片等物上刻痕迹或凹槽，用刻痕来表示一定意思的方法。起初，契刻是用来计数的。比如记录年月日；记录数目，表示债务，形成双方的契约。随着人们生活需求的增加，契刻和结绳一样，也可以记录一些简单的事件。

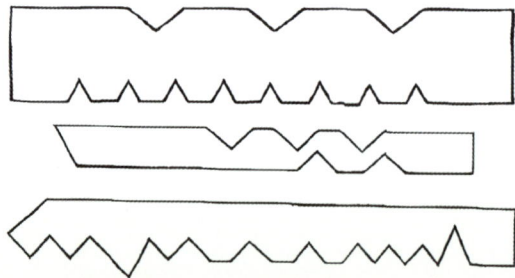

契刻

契刻对帮助人们记忆起到重要的作用。人们推测这种记事符号的方法也许是古文字书写的形式之一，对后来的青铜器文字、竹简文字有很大的启发作用，对汉字发展有很大的贡献。

## 四、仓颉造字说

相传，黄帝有一个名叫仓颉（cāngjié）的史官，他样貌奇特，长了四只眼睛，所以他具有很强的观察力，在当时被公认为知识最丰富的人。因为他很有本事，黄帝统一华夏后就让他创造文字。这让仓颉很苦恼，他不知道该如何是好。有一天，他正在思考，抬头看到天上飞过一只凤凰，嘴里叼着的东西掉落下来，仓颉拾起来一看，发现这东西上印着一个蹄印。仓颉向一位猎人询问，猎人回答道："这是貔貅（píxiū）的蹄印呀，因为它的蹄印与别的兽类不一样。"仓颉听后茅塞顿开，他想：对呀，万事万物都有自己的特点，文字创造就应该反映事物本来的特征。于是他创造出来的汉字都和事物本来的样子有着千丝万缕的联系，也得到了人们的认可。

仓颉

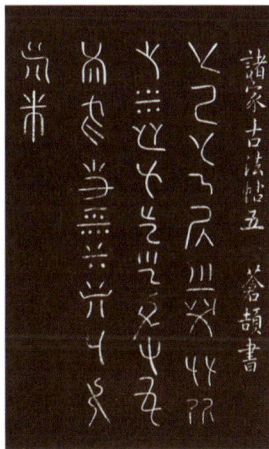

《淳化阁帖》

"仓颉造字"的故事很有趣，不过它不符合汉字起源的客观事实，只是人们的一种美好的愿望。但可以肯定的是，文字一定是随着人们交流和生产的需要而产生的，而且汉字的产生也一定是人们细致耐心观察自然、反映自然的结果。

汉
字

## 思考题

1. 古人认为汉字起源的传说有哪些？
2. 你认为汉字的起源是什么？
3. 你知道你的祖国的文字是如何产生的吗？

## 拓展阅读

契刻有计数、记事、契约、书信等多种用途。下图是一张云南佤族（wǎzú）契刻的黑白照片。这个木牌上的符号其实组成了一封信，它的意思是："来的三人，月圆时我们会面了，现在送上三种礼物，请分别送给大、中、小三位头领。"可见，契刻到了后来就已经可以记录比较复杂的句子了。在这封信里，使用到的符号不仅记录了数词，还记录了名词"月亮"（⊜）和动词"会面"（▨）。但是，显然这种记录还是相当简略的，今天的人也很难看懂。

云南佤族契刻

# 第二章
## 汉字的诞生——历史的真相

人类的历史有几百万年了，语言的历史可能只有几十万年，而文字的历史只有几千年。文字的产生是一个民族走向文明的标志，意义重大。

现在，我们都认同文字不是一天就能产生的，它应该是从远古时代用来记事的图画慢慢发展演变而来的。这里我们说的是"记事的图画"，它和一般的图画是有区别的。对于一般的绘画，我们会关注画面是否逼真、构图有无美感、整幅画能否传递出绘画者的思想、作品有无意境和深度，总之是以欣赏为主的。而用来"记事"的图画就不一样了，其主要实现记录的功能。人们把发生的各种事用图画的方式进行描绘，确保在以后很长时间里都不会忘记。这种图画已经具有传递信息的功能。

将军崖岩画

记事图画在书写、刻画、形体上还很不稳定，而且人们很快就发现图画只能描绘单一的事物，记录简单的事件，比如人们见到的动物、种植的农作物、狩猎（shòuliè）的场景……这种方法不能满足人们复杂多样化的表达需求，为方便记事，聪明的人类就在图画这种早期文字的雏形上逐步创造了文字。

中国人很早就学会运用绘画记录身边发生的事，他们把画刻在岩壁上、绘在彩陶上，并逐渐把图画简化为符号。今天的考古发现和文献记载都说明，在四五千年之前汉字就已经诞生并且日趋成熟。通常我们说中华民族有 5 000 年文明史，其实就是从汉字起源算起的。

### 思考题

1. 早期的图画文字是不是绘画作品？
2. 你的祖国的早期文字是记事图画吗？它们都是在哪里被发现的？

### 拓展阅读

下图中的文字被称为"贾湖刻符"。有学者对遍布中国各地的 19 种考古学文化共 100 多个遗址里出土的陶片上的刻画符号进行考察、比对，认为中国最早的刻画符号出自现在的河南舞阳贾湖遗址，这个遗址距今已有 8 000 多年的历史。很多学者认为这些刻画符号是中国早期的文字或者是文字雏形。

贾湖刻符出现的时间早于素称"世界最早文字"的古埃及纸草文书，比陕西半坡遗址彩陶上的刻画符号和山东大汶口遗址陶器上的陶文早 2 000 年。目前，经过中国考古学家的努力，出土的 21 个刻符中已有 11 个被解读出来。

贾湖刻符（贾湖遗址出土）

# 第三章
## 汉字变形记——从甲骨文到楷书

人们用图画表达自己的所见所想，方便了人与人之间的交流。但画画实在是太麻烦了，而且图画也不能准确、完整地表达人们的真实想法，加上用这种方式传递信息很不方便，人们逐渐意识到如果把图形抽象成符号，用不同的符号代表不同的意义，问题就解决了。

中国的正式文字是从甲骨文字开始的，汉字的形体演变经历了甲骨文、金文、篆文、隶书、楷书、草书、行书几个阶段，它们是汉字的主要字形。在每个发展阶段，汉字的书写和形体都发生了一定的变化。除此之外，还有两种辅助（fǔzhù）性字形，即草书和行书。

下面我们就一起来看看汉字的演变过程。

## 一、甲骨文

公元前 4 000 年左右，中国已经进入奴隶社会。为了更好地统治人民、治理国家，王室贵族从国家大事到私人生活，如祭祀（jìsì）、气候、收成、征伐（zhēngfá）、病患、生育、出门，都要通过占卜（zhānbǔ）来了解天意。事情结束后，他们还要将整件事的发展过程记录下来。这个时候，纸还没有发明，人们就想出一个办法，他们在乌龟壳和牛的肩胛（jiānjiǎ）骨上钻好眼儿，放在火中炙烤（zhìkǎo），根据钻孔周围产生的裂纹来占卜吉凶。然后把占卜的时间和占卜的事件用刀刻在上面，便完成记录。

今天，这种文字被称为"甲骨文"。考古人员在中国河南的殷墟（yīnxū）发现了大量的甲骨文。

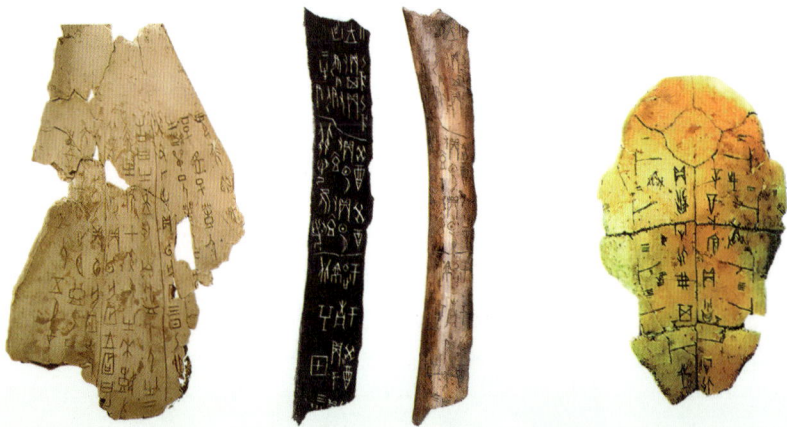

刻在牛骨上的文字　　　　　　　　刻在龟甲上的文字

甲骨文距今有 3 000 多年的历史，已经是一种非常成熟的文字。通过细心观察可以发现，这种文字和图画相似，基本都是描摹现实中事物的形状，不少文字我们都可以根据其字形猜出它的意思。但甲骨文文字还没有定型，字形大小不一，直到今天还有很多甲骨文连专家也不能破解它们的意思。

| | | |
|---|---|---|
| 人 | 水 | 山 |

从字形上看，因为甲骨文是用刀契刻在坚硬的龟甲或兽骨上的，所以字体瘦长，笔画多用直线，笔画粗细也很均匀。甲骨文的结构还不固定，同一个字有多种写法。

## 二、金文

金文出现在距今 3 000 年左右的周朝，它从甲骨文发展而来。早在殷商时代，中国人的青铜冶炼（yěliàn）和铸造（zhùzào）技术就达到很高水平。龟甲、牛骨虽然坚硬易保存，但由于面积小，一片甲骨上刻不了太多字，而且受到外力还很容易破碎，并不算是好的书写材料。后来人们发现，如果把文字铸造在青铜器上，会保存得更久。于是，王公贵族就把国家、家族的大事铸刻在青铜器上，这样就可以写很多字，也可以保存很久。当时人们称铜为"金"，因为这些文字大多是镌刻或铸造在青铜器上的，所以叫作"金文"。

毛公鼎金文　　　　　　　　　晋侯稣编钟铭文

金文的内容大多是记录当时王公贵族的战功、赏赐（shǎngcì）、盟誓（méngshì）、祭典等，是研究中国历史极其宝贵的史料。金文看起来比甲骨文要工整大方，笔画的安排更加均匀对称。因为是铸造出的文字，所以金文的笔画比甲骨文要粗，也更圆润一些，为方便铸造，出现了很多笔画简化的字。

## 三、篆文

篆文分为大篆和小篆。西周后期，汉字发展为大篆，诸侯国有各自使用的文字。同一个字在不同的国家有不同的写法。

秦始皇建立强大的秦帝国后，命令丞相李斯编制一种新的文字，同时废除六国的文字。李斯苦思冥想，就以秦国使用的文字为基础［参看商鞅方升铭文（míngwén)]，参考六国的文字创制了新的文字——"小篆"。

商鞅方升

商鞅方升铭文

我们现在能见到的最早的标准小篆是丞相李斯为歌颂秦始皇功绩所写的峄山碑文。现如今，这块石碑的宋代摹刻（mókè）碑被收藏在西安碑林。

峄山石刻

西安碑林博物馆

小篆对大篆的形体进行了简化，并实现了字体的线条化和规范化，使汉字几乎完全脱离了图画文字，笔画匀称、整齐、规范，字形横平竖直，点画粗细均匀，书写时整齐划一，为汉字成为方块字奠定了基础。

## 四、隶书

秦朝时期，官府内的公文书写工作是非常多的，秦篆笔画复杂，写起来很慢，负责书写的官员为了方便书写、不浪费时间，便在篆文的基础上创制了书写简便的隶书。

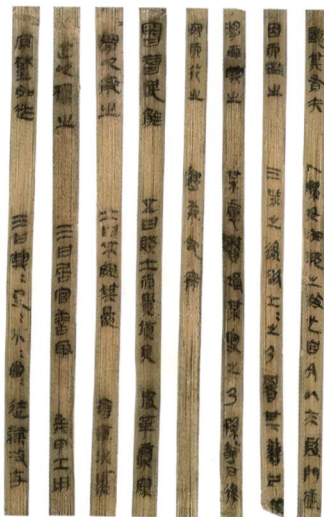

云梦睡虎地竹简（秦）　　　　　　　　居延汉简（汉）

隶书基本是由篆书演化而来的，它将篆书的曲线条变为直笔，字形开始变得方正。由于其书写载体是小小的竹片，为了能在一片竹板上记录下更多的文字，隶书字形较扁。

隶书字形扁平、工整，笔画有了粗细变化和明显的波动性，撇、捺、点的笔画向上挑起，轻重顿挫（dùncuò）富有变化，字形结构也趋于简化。隶书的出现打破了古汉字象形的传统。人们通常将秦篆及以前的象形字称为"古文字"，将汉隶及以后的文字称为"今文字"。

隶书的产生是中国文字和书法发展史上的一次重大变革，汉字书法史上把这次变革称为"隶变"。从此，隶书成了古今文字的分水岭。

## 五、楷书

楷书也叫"真书""正书"，从汉代开始兴起，是在汉隶的基础上演变而来的。此后，历朝历代将其作为书写典范，楷书的"楷"就是"楷模""榜样"的意思。

楷书字体秀丽端正，字形笔画平直，形体方正，是一种成熟的文字。楷书具有通俗易识、端重庄严的特点，从它开始，汉字笔画形式基本定型。

## 六、草书

在隶书通行的汉代，为书写简便，在隶书基础上演变出一种新的书体，那就是草书。因为它利于快写，所以被普遍使用。草书的特点是结构简省，书写时使用连笔，字形流畅。

草书字体大致可分为章章、今草、狂草三种。章草的"章"即有章程法则，它保留了汉隶的波磔（bōzhé），虽然笔画有连笔，但字形扁方，每个字都是独立的，布局匀称。今草是从章草演变而来的，其字形已经没有隶书的影响，书写时每一笔都连在一起，甚至字与字也连在一起，书写十分流畅。狂草产生于唐代，是在今草的基础上发展起来的，书写速度快，笔走龙蛇，千姿百态。

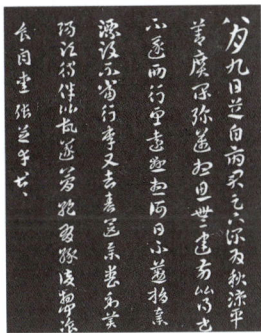

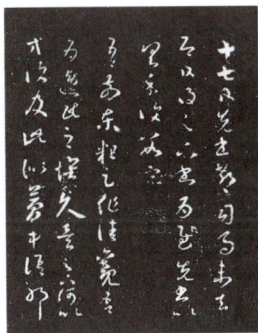

张芝《八月帖》（章草）　　王羲之《十七帖》（今草）　　张旭《古诗四帖》（狂草）

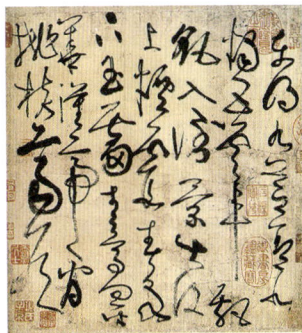

草书的审美功能大于使用功能。

## 七、行书

行书产生于东汉末年，是草书向楷书演化过程中的一种过渡书体，是为了弥补楷书的书写速度太慢和草书难以辨认的弊端而产生的。"行"是"行走"的意思，因此它不像草书那样潦草，也不像楷书那样端正。

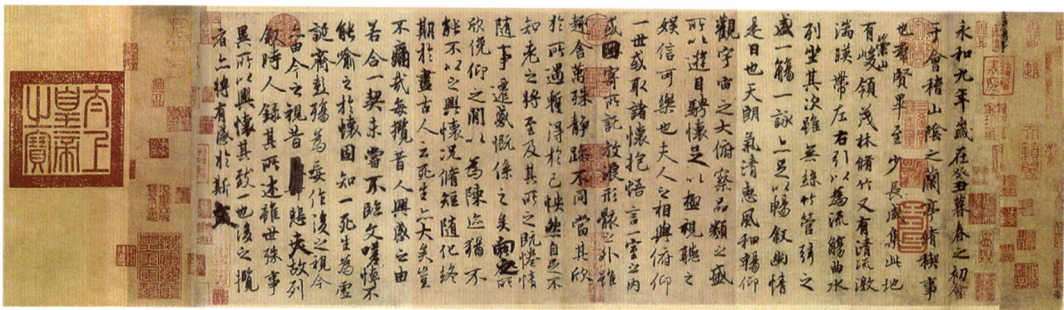

王羲之《兰亭集序》

行书是很实用的一种字体，人们写字时往往喜欢使用它。

**思考题**

1. 中国汉字的形体演变主要经历了哪几个阶段？
2. 你知道"隶变"是指什么吗？

**拓展阅读**

## 楷书四大家

楷书四大家，是对书法史上以楷书著称的四位书法家的合称。他们分别是唐朝欧阳询、唐朝颜真卿、唐朝柳公权、元朝赵孟頫。

欧阳询（557—641 年），他的书法被后人称为"欧体"，世称"唐人楷书第一"，代表作为《九成宫醴泉铭》。颜真卿（709—784 年），他的书法被后人称为"颜体"。在书法史上，他是成就最高、影响最大的书法家之一，代表作为《多宝塔牌》《颜勤礼碑》。柳公权（778—865 年），他的书法被后人称为"柳体"，他和颜真卿的字并称"颜筋柳骨"，是学书者的楷模，代表作为《神策军碑》《玄秘塔碑》。赵孟頫（1254—1322 年），他的书法被后人称为"赵体"，代表作为《寿春堂记》《玄妙观重修三门记》。

欧阳询
《九成宫醴泉铭》

颜真卿
《多宝塔碑》

柳公权
《神策军碑》

赵孟頫
《寿春堂记》

# 第四章

# 汉字造字法——六书说

东汉时期有位名叫许慎的文字学家，他在中国家喻户晓，因为他编写了中国第一部字典——《说文解字》。在书中，许慎认真分析了 9 000 多个汉字的篆文字体，指出汉字有象形、指事、会意、形声、转注、假借六种构造，这就是著名的"六书说"。

今天，我们分析汉字字形，认为有象形、指事、会意、形声四种造字方法。

## 一、象形字

象形字是由图画文字演化而成的文字，通过描摹实物形状而成字。比如"日""月"就是用这种造字法造出的汉字。

有时候，象形字反映事物的整体（如马、鸟）；有时候，象形字抓住事物某些具有代表性的特征，通过局部来描绘事物（如牛、羊）。

我们看例字。"马"字的字形就像一种尖耳、圆眼、大嘴、四肢有力的牲畜，为了和其他动物区别开来，特别凸显了马鬃（zōng）和尾巴；"鸟"字的字形也很明显，就像一只站立在树梢上的鸟儿，凸显了鸟的喙（huì）和爪；"牛"字和"羊"字的造字相对简洁一些，并没有描绘动物的轮廓，而是着重表现它们头上有角的样子，但为了区分这两个字，牛角向上，羊角向下，非常形象。

日　　月　　马　　鸟　　牛　　羊

通过这些例字，我们可以判断象形字起源于图画文字。象形字的功能是记录语言中的词，有读音，有一定的意义，所以它已经是成熟的文字。

## 二、指事字

象形字能反映具体事物的形象，但是给抽象的意义造字，则需要采用更多的新方法，指事就是补充象形造字法不足的一种造字方式。

指事字用象征性符号或在象形字上加提示符号的方法造字。主要有两类：一类是纯粹的符号，如一、二、三、四、五等数目字；另一类是以象形字为基础，在字形上加某些点画符号，表示新的意思。观察指事字，大概能想到它要表达的意思，但只有非常仔细地观察，才能发现这个汉字的准确意义。

我们看例字。"上""下"两个字都由两根线条构成，但仔细分辨，它们都以一条较长的线为基准，在其上、下分别加上一条横线"—"来表示位置的差异，从而说明上、下的区别。"刃"用"丶"指示刀口所在的位置，表示这里是刀最锋利的部分。"本"字是在象形字"木"的根部加上一个实心点"■"，指明想要表意的位置，本义就是"根"。

上　　　　　　下　　　　　　刃　　　　　　本

象形字和指事字有什么区别呢？打个比方，象形字就像一幅画，你认真观察这幅画，就能看出画的内容。而指事字就像是一幅"藏宝图"，在理解画面的基础上，我们更要关注指示埋藏宝藏地点的表意符号，才能进一步理解画的深意。

## 三、会意字

很多词的意义比较抽象，用象形和指事的方法很难表现。于是人们又想出了一种造字方法，就是把几个象形字拼合在一起，用它们语义的配合或联系表示新的意义。这就是会意造字法。

会意字主要分为两类：一类是异体会意字，即用不同的字组成；另一类是同体会意字，即用相同的字组成。

我们看例字。"日""月"合在一起，是明亮的意思，这是"明"字；"口""鸟"合在一起，是鸟儿在鸣叫，这是"鸣"字；"牛""攵"合在一起，像是一个人手拿木棍在驱赶牛群，这是"牧"字；"人""人"合在一起，像一个人跟在另一个人身后，这是"从"字；"火""火"合在一起，像上下两把大火，表示火盛、火旺，这是"炎"字。前三个字是异体会意字，后两个字是同体会意字。

明　　　鸣　　　牧　　　从　　　炎

会意字和象形字都具备画物的特点，但会意字是合体字，造字功能更强。打个比方，象形字是单幅的画，我们一看就能明白。而会意字则是"拼图"，需要把每幅小图都琢磨清楚，再探究出它们之间的联系，才能弄清楚整幅图画的真实含义。

## 四、形声字

象形字、指事字、会意字都是纯表意字。当某些词的意义没有具体的形象、无法描画时，就很难使用这些造字法。比如可以用弯弯曲曲的线条表示水流，但小溪、湖泊、大河、海洋又该如何表示？一般的树可用"木"来表示，松树、柏树、柳树又该如何表示？人们最终找到了一种最有效的造字方法——形声造字法。

形声字，就是由形符和声符组合而成的字。形符表示一个字的意义，声符则表示这个字的读音。

汉字"和"，"口"是形旁，表示"和"是与口有关的动作；"禾"是声旁，表示这个字的读音。汉字"忍"，"心"是形旁，表示"忍"属于心理活动，与心境有关；"刃"是声旁，表示这个字的读音。汉字"阿"，"阝"（右耳）是形旁，甲骨文写作 [ 阜（fù）]，横着看是 △△△，像高高低低的大山），指大的丘陵；"可"是声旁，表示这个字的读音。

和　　　忍　　　阿

汉

字

形声字一般采用意符和声符的组合方式，主要有以下六种结构类型：

形声字的结构类型

| 结构类型 | 例字 |
|---|---|
| 左形右声 | 样 惊 粒 杆 |
| 左声右形 | 刚 期 功 领 |
| 上形下声 | 茅 管 简 爸 |
| 上声下形 | 烈 忘 盆 想 |
| 内形外声 | 问 冈 闽 辩 |
| 内声外形 | 固 裹 座 街 |

　　形声字这种造字法非常简便，人们掌握后便开始大量产生。形声字也是四种造字法中最实用的方法，有明确的表音成分，很容易识读；借助形符给词划定出意义范围，有助于判断词义。在现代汉字中，形声字所占比例已经达到90%以上。

　　许慎在"六书"中还提到转注、假借两种造字方法，但我们认为这两种方法并不对单个汉字形体结构进行说明，而是分析字与字之间的形义关系，所以是用字法而不是造字法。这里我们就不具体介绍了。

　　最初造字时，字形和意义有着密切的联系，它反映了当时人们对自然和人类生活的认识，这个意义就是字的本义。本义是指汉字在造字之时就被确定的常用意义。如"和"的本义是跟着唱或伴奏，声音相应和。"阿"的本义是指大的山丘。后来，文字在长期的运用中，又产生了更多的重要和常用的意义，这些就是字的基本义。基本字义是现代最常用和最主要的意义。如"和"现在最常用的含义有很多，如：①平和；和缓；温和。～颜悦色。②和谐；和睦。弟兄不～。③结束战争或争执。讲～。④表示并列关系；跟；与。工人～农民。"阿"现在最常用的含义有两个：①用在排行、小名或姓的前面，有亲昵的意味。～大。～花。～唐。②用在某些亲属称谓的前面。～婆。～爸。

　　汉字是中国文化的载体，蕴含着丰富的意义。同一个汉字的基本字义往往也不止一个，会根据不同需要使用在各种语境中，需要仔细区分。

1. 汉字有哪些造字方法？

2. "从"像一个人跟在另一个人身后；"炎"像上下两把大火，表示火盛、火旺。用同样造字法所造的汉字，你还知道哪些？

拓展阅读

# 形声字儿歌——给"包"找朋友

有食能吃饱，

有草是花苞，

有火能放炮，

有水是泡泡，

有雨下冰雹，

有足能赛跑，

有衣穿长袍，

用手来拥抱，

有月是同胞，

有刀来刨土，

有鱼是鲍鱼。

# 第五章　汉字字形结构

汉字在发展过程中，为了方便书写，字形由繁体变成简体，笔画也由不规范变得规范，文字中的图画性和象形性开始变弱，文字向符号化发展。

汉字的结构可以从笔画和笔顺等方面进行分析。

# 一、笔画和笔顺

## （一）笔画

笔画是构成字形的点和线，汉字字形中，笔画的形状有很多种。汉字有八类基本笔画（见下图）：点（丶）、横（一）、竖（丨）、撇（丿）、捺（乀）、提（㇀）、折（乛）、钩（亅）。"折""钩"是复合笔画，笔画变化比较多（见下表）。

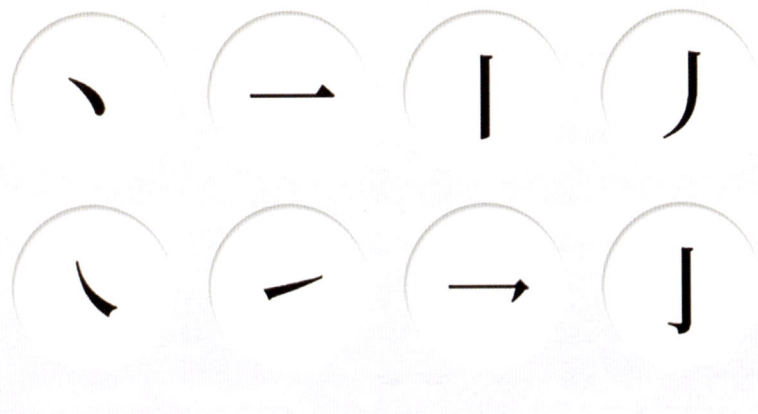

汉字的基本笔画

汉字的笔画种类

| 序号 | 笔画 | 名称 | 例字 | 序号 | 笔画 | 名称 | 例字 |
|---|---|---|---|---|---|---|---|
| 1 | 丶 | 点 | 主 | 5 | 乀 | 捺 | 人 |
| 2 | 一 | 横 | 三 | 6 | ㇀ | 提 | 打 |
| 3 | 丨 | 竖 | 十 | 7 | 乀 | 撇点 | 女 |
| 4 | 丿 | 撇 | 八 | 8 | 乚 | 竖提 | 长 |

（续上表）

| 序号 | 笔画 | 名称 | 例字 | 序号 | 笔画 | 名称 | 例字 |
|---|---|---|---|---|---|---|---|
| 9 | ㇆ | 横折提 | 语 | 21 | ㇄ | 竖弯 | 西 |
| 10 | ㇈ | 弯钩 | 了 | 22 | ㇟ | 横折弯 | 没 |
| 11 | ㇚ | 竖钩 | 小 | 23 | ㇕ | 横折 | 口 |
| 12 | ㇗ | 竖弯钩 | 孔 | 24 | ㇄ | 竖折 | 山 |
| 13 | ㇂ | 斜钩 | 我 | 25 | ㇛ | 撇折 | 云 |
| 14 | ㇃ | 卧钩 | 心 | 26 | ㇉ | 横撇 | 水 |
| 15 | ㇖ | 横钩 | 写 | 27 | ㇜ | 横折折撇 | 及 |
| 16 | ㇆ | 横折钩 | 力 | 28 | ㇜ | 竖折撇 | 专 |
| 17 | ㇇ | 横折弯钩 | 九 | 29 | ㇟ | 横斜钩 | 凤 |
| 18 | ㇌ | 横撇弯钩 | 郑 | 30 | ㇍ | 竖折折 | 鼎 |
| 19 | ㇐ | 横折折折钩 | 奶 | 31 | ㇎ | 横折折 | 凹 |
| 20 | ㇉ | 竖折折钩 | 与 | 32 | ㇎ | 横折折折 | 凸 |

书写汉字时，笔画的组合方式不同，写出的汉字也不相同。比如"九"和"几"，笔画相同，但组合方式不同。还有，有的汉字笔画相似，但实际上是不同的，也要多加注意。比如"干"和"千"，前者的第一笔是"横"（一），后者的第一笔是"撇"（丿），要认真区别。

## （二）笔顺

书写汉字时笔画的先后顺序叫作"笔顺"。汉字的笔顺是人们通过长期实践，根据一定的书写习惯，总结规定出的一般规则，不是随意的。规则如下（见下表）：

汉字的笔顺种类

| 汉字规则 | | | 例字 | 笔画系列 |
|---|---|---|---|---|
| 基本规则 | | 先横后竖 | 十 | 一丨 |
| | | 先撇后捺 | 人 | 丿乀 |
| | | 从上到下 | 亏 | 一一丂 |
| | | 从左到右 | 孔 | 乛丨乚 |
| | | 先外后里 | 月 | 丿冂一一 |
| | | 先外后里再封口 | 日 | 丨冂一一 |
| | | 先中间后两边 | 小 | 亅丶八 |
| 补充规则 | 带点的字 | 点在正上及左上先写点 | 门 | 丶丨冂 |
| | | 点在右上后写点 | 犬 | 一丿八丶 |
| | | 点在里面后写点 | 瓦 | 一乚乀丶 |
| | 两面包围结构的字 | 右上包围结构，先外后里 | 勺 | 丿乛丶 |
| | | 左上包围结构，先外后里 | 庆 | 丶一丿一丿八 |
| | | 左下包围结构，先里后外 | 近 | 丿丨一丨丶乛乀 |
| | 三面包围结构的字 | 缺口朝上的，先里后外 | 击 | 一一丨凵 |
| | | 缺口朝下的，先外后里 | 内 | 丨冂人 |
| | | 缺口朝右的，先上后下再左下 | 区 | 一丿乂乚 |
| | 四面包围 | 先外后里再封口 | 因 | 丨冂一丿八一 |

# 二、部件、偏旁和部首

## （一）部件

部件是由笔画组成的构字单位，如"叶"中的"口""十"，"椅"中的"木""大""可"。有的部件可以单独是一个字，如"人""木""日"；有的部件需要和别的部件组合成字，如"阝""忄""亻""扌""宀"。

部件在组合汉字时，组合的方式有三种：

（1）左右组合：酒、竹、树、鼓。

（2）上下组合：肩、雷、宴、篇。

（3）包围组合：疾、句、还、同、画、医、国。

汉字数量虽然非常多，但单一部件只有 500 多个，掌握好这些部件，能让学习汉字变得简单。

### （二）偏旁

大概在 2 000 年前，古人就开始对合体字进行分析，他们把一个汉字分为两部分，每个部分就是一个偏旁。比如"休"分为"亻"和"木"两个偏旁，"花"分为"艹"和"化"两个偏旁，"国"分为"囗"和"玉"两个偏旁。偏旁一般都有读音或意义，分为形旁或声旁。形旁通常表示这个字的意义类别，声旁表示这个字的大概读音。多数形声字都是由一个声旁和一个形旁组成的。例如"吃""喝""咽""吐""咳"的形旁是"口"，声旁分别是"乞""曷""因""土""亥"。会意字的两个偏旁都有意义，如"明""家""福"。

### （三）部首

大部分部首是汉字的一个部件，如"鸣"的部首是"口"，"船"的部首是"舟"。有的部首可以分成几个部件，如"鼓"的部首"支"可以分为"十"和"又"。还有的部首只是部件中的一个笔画，如"天""夫"的部首是"一"，"头"的部首是"丶"。

### 思考题

1. 什么是笔画？汉字的基本笔画有哪些？

2. 什么是笔顺？汉字笔顺的规则有哪些？请举例说明。

3. 什么是偏旁？

# 部件的变形

在组成汉字时，为了让汉字整体匀称美观，部件的形体会进行变形，这样同一部件在汉字的不同位置可能会有不同的形体。如组成"礼"字的部件"礻"是"示"的变形，"采"字的部件"爫"是"爪"的变形，"休"字的部件"亻"是"人"的变形，"汤"字的部件"氵"是"水"的变形。

有的部件变形幅度较大，如"亻"（人）、"氵"（水）、"刂"（刀）、"讠"（言）、"忄"（心）、"扌"（手）、"饣"（食）、"犭"（犬）、"礻"（示）、"衤"（衣）、"灬"（火）、"钅"（金）、"𧾷"（足）等，已经不太容易看出和原来部件的联系。

# 文字篇

第一章  人与人体

# 第一节 人 类

人〖rén〗：human

笔画数：2      部首：人      造字法：象形

**字形演变：**

甲骨文　　　金文　　　篆文　　　隶书　　　楷书

**字形分析：**

甲骨文、金文字形是一个侧身弯腰站立的人形。篆文的写法夸大了手臂的长度。隶书开始形成撇和捺的笔画，字形变得舒展，象形意味减弱。

**本义**[①]：

人。

甲骨文拓片

---

　　① 本书中所解释的本义参考了《说文解字》、《汉语大字典》（简编本）、《古代汉语词典》（第2版）等工具书，力求还原汉字本义。

**基本字义**[1]：

（1）能制造并使用工具进行劳动的高等动物。～类。

（2）成年人。长大成～。

（3）别人，他人。待～热诚。

（4）人的品质、性格或名誉。丢～。

**常用词组：**

人民　人们　人家　人才　人财两空

**小锦囊：**

汉字中，"人"是一个部首字。用"人"组成的汉字大都与人的行为状态有关，如
"从""众""伐""休""伏""保"等。

大 〖dà〗：big；great

笔画数：3　　　　部首：大　　　　造字法：象形

字形演变：

甲骨文　　　金文　　　篆文　　　隶书　　　楷书

---

[1] 本书的读者对象为外国学习者，针对他们的学习能力和学习需求，本书选取基本字义时略有取舍，
除参考《现代汉语词典》（第7版）外，还参考了对外汉语教学中经常使用的词典如《现代汉语八百词》（增
订本）、《汉语教与学词典》等。

**字形分析：**

甲骨文、金文字形像一个正面直立的人形。从隶书开始，字形渐渐看不出最初造字的意图，书写更方便。

**本义：**

大的，与"小"相对。

**基本字义：**

（1）指面积、体积、数量、力量等方面超过一般或超过所比较的对象，与"小"相对。～衣。

（2）规模广，程度深，性质重要。～众。～吃一惊。

（3）用于"不"后，表示程度浅或次数少。不～高兴。

（4）年长，排行第一。老～。

（5）敬辞。～作。

（6）时间顺序更远的。～前天。

甲骨文拓片

**常用词组：**

大小　大街　大雨　大哥　大方　大名

**小锦囊：**

汉字中，"大"是一个部首字。用"大"组成的汉字分为两种：一种的含义和人有关，如"天""夫""央"等；另一种是表示大小的"大"，如"夸""奢""奕"等。

夫 〖fū〗：husband；man

| 夫 | 二 | 夫 | 夫 |
|---|---|---|---|

笔画数：4　　　　部首：一　　　　造字法：象形

字形演变：

甲骨文　　　金文　　　篆文　　　隶书　　　楷书

字形分析：

甲骨文、金文字形是在 大（大）的上方加一条横线，指人头部束（shù）发的簪子（zānzi）。从隶书开始，字形逐渐摆脱象形，笔画变得平直、舒展。

甲骨文拓片

簪子

本义：

成年男子。

**基本字义：**

丈夫，与"妻"相对。~妇。

**常用词组：**

夫妻　夫人　夫唱妇随

**小锦囊：**

如果你了解古人穿衣束发的要求，"夫"的古文字形就很容易理解。在中国古代，按照惯例，男子到了二十岁就成年了，成年之后需用簪子把头发束起来，所以束发就表示这个男子成年了。

众〖zhòng〗：crowd；many；numerous

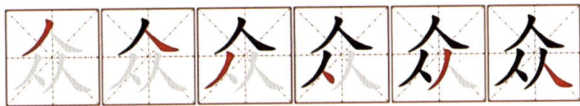

笔画数：6　　　部首：人　　　造字法：会意

**字形演变：**

甲骨文　　金文　　篆文　　隶书　　楷书

**字形分析：**

甲骨文字形由上、下两部分构成，⊖表示太阳，𠈌是三个侧身直立的人，意思是说很多人在烈日下劳动。金文上半部改写为表示眼睛的"目"。楷书将字进行简化，只保留了三个"人"字，在字形上采用了上下排列的结构。

**本义：**

人多。

**基本字义：**

（1）许多，和"寡（guǎ）"是一对反义词。~多。

（2）许多人。群~。

**常用词组：**

众说不一　大众　民众　大庭广众

**小锦囊：**

汉语里的"三"除了指确切的数量，还有虚指义，表示多、无限。"众"的古文字形是三个人并排着，就是表示人很多。采用这种把两三个相同的字形放在一起表示数量多的构字法的汉字还有很多，如"林""多""品""晶""森"等。

立〖lì〗：stand

笔画数：5　　　部首：立　　　造字法：象形

**字形演变：**

| 甲骨文 | 金文 | 篆文 | 隶书 | 楷书 |

**字形分析：**

甲骨文字形由上、下两部分构成，大指正面直立的人，——指人站立的地方，象征地面。这个人分开双腿，稳稳地站立在地上。从隶书开始，笔画发生变形，已经看不出和之前字形的相似之处。

**本义：**

站立。

**基本字义：**

（1）站。~着。

（2）直立的。~柜。~领。

（3）存在，生存。自~。独~。

（4）马上，即刻。~时。~刻。

**常用词组：**

直立　建立　成立　立即　立春　顶天立地　坐立不安

**小锦囊：**

汉字中，"立"是一个部首字。用"立"组成的汉字往往与笔直站立有关，如"站""端""竖"等。但也有一些字的字义和站立没有关系，如"童""竞"。

# 练习题

**1.书写练习。**

rén ノ 人

| 人 | | | | | | | | | | | |
|---|---|---|---|---|---|---|---|---|---|---|---|

dà 一 ナ 大

大

fū 一 二 尹 夫

夫

zhòng 丿 人 亻 仒 巜 众

众

lì 丶 二 亠 立 立

立

## 2.写出含有下列偏旁的汉字。

例：夫 ___扶___ ___肤___ ___芙___

人 ___ ___ ___

大 ___ ___ ___

立 ___ ___ ___

## 3.比较下列汉字，并注上拼音。

人（ ） 入（ ） 八（ ）

大（ ） 太（ ） 犬（ ）

夫（ ） 未（ ） 末（ ）

## 4.请用所给汉字组词。

人（ ） 大（ ） 夫（ ） 立（ ）

# 第二节 称 谓

男〖nán〗：male；man

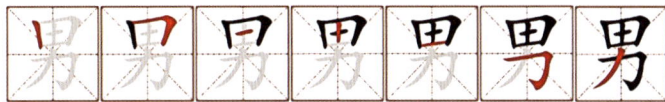

笔画数：7    部首：田    造字法：会意

字形演变：

甲骨文    金文    篆文    隶书    楷书

**字形分析：**

甲骨文字形由左、右两部分构成，⊞指农田，⌇指耕种用的一种挖土农具。古时候，男人的主要工作是在田里劳动。篆文将字形结构改为上下结构。从隶书开始，⌇这个字形被简化为"力"。

**本义：**

男人，和"女"相对。

**基本字义:**

男子。~人。~女。

**常用词组:**

男孩  男儿  男装  男友  男女老少  男才女貌

**小锦囊:**

中国古代是农业社会,在农田中从事劳动生产是男人的主要职责,所以"男"在汉字构形上就选择了"田"和"力",表明家庭以外的大部分工作是由男人担任的。

**女**〖nǔ〗:woman

笔画数:3           部首:女           造字法:象形

**字形演变:**

| 甲骨文 | 金文 | 篆文 | 隶书 | 楷书 |
|--------|------|------|------|------|

**字形分析:**

甲骨文字形像一个直立上身、双手放在胸前、跪(guì)坐的人。她身姿优雅,是一个女子。金文字形在头上多了一条横线,表示女子头上戴有发簪,象征女子已经绾起头发,成年了。隶书字形脱离了象形的特点,已经看不出女子的形象。

**本义：**

女人，和"男"相对。

**基本字义：**

女性。~人。男~。

**常用词组：**

女儿　女孩　少女　女士　妇女　孙女

汉代踞坐女俑

**小锦囊：**

汉字中，"女"是一个部首字。用"女"组成的汉字大都和母系时代的历史、婚姻、生育、美丑等有关，如"姓""娶""好""娟"等。

父〖fù〗：father

笔画数：4　　　　部首：父　　　　造字法：会意

**字形演变：**

甲骨文　　　　金文　　　　篆文　　　　隶书　　　　楷书

**字形分析：**

甲骨文字形由两部分构成，丿是左手，丨像一柄石斧，表示劳动中的男人手拿石斧在田间工作，表现了男子在农业社会中的重要地位。也有人说丨像一根木棍，好像父亲高举木棍在教育孩子。隶书发生形变，已经看不出手臂的样子。到了楷书，字形变为上、下两部分。

**本义：**

父亲。

**基本字义：**

（1）父亲。～母。～子。

（2）家族或亲戚中的男性长辈。祖～。伯～。

**常用词组：**

父母　父子　父辈　岳父　叔父

**小锦囊：**

汉字中，"父"是一个部首字。用"父"组成的汉字往往与父亲、长者有关，如"爸""爹""爷"等。

母 〖mǔ〗：mother

笔画数：5　　部首：母　　造字法：象形

**字形演变：**

甲骨文　　金文　　篆文　　隶书　　楷书

**字形分析:**

甲骨文字形是在 字中加两点，整个字形是一个跪坐的女子，胸前有一对乳房，强调她是可以哺（bǔ）育后代的女性。隶书字形摆脱了象形的特点，但保留了象征乳房的两点。

**本义:**

母亲。

**基本字义:**

（1）母亲。父 ~ 。
（2）家族或亲戚中的女性长辈。姑 ~ 。舅 ~ 。
（3）（动物）雌性的，与"公"相对。~ 鸡。

东汉哺乳女陶俑

**常用词组:**

母女　祖母　母爱　母乳　姑母

**小锦囊:**

汉字中，"母"是一个部首字。用"母"组成的汉字往往和女性有关，如"每"最初就是"美"的意思；"毓（yù）"是"生育"的意思。也有一些字的字义和女性没有关系，如"毒"，它最初是"毒草"的意思。

子 〖zǐ〗：child

笔画数：3　　部首：子　　造字法：象形

**字形演变：**

甲骨文　　金文　　篆文　　隶书　　楷书

**字形分析：**

甲骨文字形像一个婴儿的样子，口像婴儿的小脑袋，ㄓ像婴儿的身子和手臂，简单几笔就刻画出婴儿的大头模样。金文字形就更生动了，婴儿挥动着手臂，翘着小脚，十分活泼。直到楷书，字形笔画变得平直，象形意味减弱。

**本义：**

婴儿。

**基本字义：**

（1）儿子。母 ~ 。

（2）植物的果实、种子。桃 ~ 。瓜 ~ 儿。

（3）对人的尊称；古代称老师或称有道德、有学问的人。夫 ~ 。孔 ~ 。孟 ~ 。

（4）附加在名词、动词、形容词后，构成名词（读轻声）。旗 ~ 。骗 ~ 。胖 ~ 。

**常用词组：**

子孙　子女　孩子　桃子　妻子　轮子

**小锦囊：**

汉字中，"子"是一个部首字。用"子"组成的汉字往往与孩子或慈爱有关，如"孙""字""孕""存""孝"等。

甲骨文拓片

# 兄〖xiōng〗：elder brother

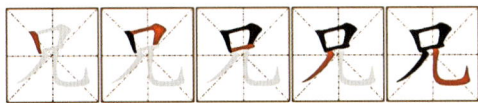

笔画数：5　　　　部首：口　　　　造字法：会意

**字形演变：**

甲骨文　　　金文　　　篆文　　　隶书　　　楷书

**字形分析：**

甲骨文字形由上、下两部分构成，**𠙵**是"口"，**𠤎**是"人"，好像在告诉大家："这个人在说话，他的话很重要。"在中国古代，长幼有序，哥哥说的话很有权威性。从隶书开始，字形下半部的**𠤎**写成了"儿"，构形上更加简洁、明快。

**本义：**

兄长。

**基本字义：**

（1）哥哥。胞～。

（2）对年龄比自己大的男子的称呼，表尊重。王～。

（3）对年龄跟自己差不多的朋友的称呼，表示亲切。老～。

**常用词组：**

兄弟　弟兄　兄长　师兄　老兄　称兄道弟

小锦囊：

从字形上得知，"兄"有"说话"这一含义。后来出现的"兑"字，就有"把话说出来"的意思，用"兑"作偏旁的汉字大都有这个含义，如"悦""说"。

# 练习题

**1.书写练习。**

nán 丶 丨 冂 冃 田 罚 男

| 男 | | | | | | | | | | | |
|---|---|---|---|---|---|---|---|---|---|---|---|

nǚ 乁 夊 女

| 女 | | | | | | | | | | | |
|---|---|---|---|---|---|---|---|---|---|---|---|

fù 丿 丷 分 父

| 父 | | | | | | | | | | | |
|---|---|---|---|---|---|---|---|---|---|---|---|

mǔ 乚 𠃌 𠃊 母 母

| 母 | | | | | | | | | | | |
|---|---|---|---|---|---|---|---|---|---|---|---|

zǐ 乛 了 子

| 子 | | | | | | | | | | | |
|---|---|---|---|---|---|---|---|---|---|---|---|

xiōng 丶 冂 口 尸 兄

| 兄 | | | | | | | | | | | |
|---|---|---|---|---|---|---|---|---|---|---|---|

2.写出含有下列偏旁的汉字。

例:夫　__扶__　__肤__　__芙__

　女　_____　_____　_____

　父　_____　_____　_____

　子　_____　_____　_____

3.比较下列汉字，并注上拼音。

男（　　）　果（　　）　界（　　）

母（　　）　毋（　　）　每（　　）

子（　　）　孑（　　）　孓（　　）

兄（　　）　只（　　）　足（　　）

4. 请用所给汉字组词。

男（　　）　母（　　）　子（　　）　兄（　　）

# 第三节　头　脑

首〖shǒu〗：head

笔画数：9　　　部首：首　　　造字法：象形

字形演变：

| 甲骨文 | 金文 | 篆文 | 隶书 | 楷书 |

**字形分析：**

甲骨文字形像长着头发侧着脸的人头；金文看上去复杂得多，长长的头发高高飘起，面部突出了眼睛"目"字；篆文只保留了金文的上部；楷书已经看不出造字之初的意图。

**本义：**

头。

**基本字义：**

（1）头，脑袋。～饰。

唐代仕女俑（头部）

（2）第一，最高的。～都（dū）。～府。

（3）最先，最早。～次。～届。

（4）领导的人，带头的。～领。元～。

（5）量词。一～歌。

## 常用词组：

回首　首先　首创　部首

## 小锦囊：

汉字中，"首"是一个部首字。用"首"组成的汉字往往与"头"相关。现代汉字中，很多带有"首"偏旁的字被"页"替代，如"颐""颊""颜"。

页 〖yè〗：page；leaf

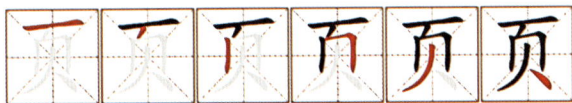

笔画数：6　　　部首：页　　　造字法：象形

## 字形演变：

甲骨文　　金文　　篆文　　隶书　　楷书

## 字形分析：

甲骨文字形是一个跪坐的人形，突出了大脑袋。金文字形描画了高高飘起的长发，省去面部，但凸显了"目"（眼睛）字。楷书简体字已经和原字形没有相似之处，书写更加简洁。

**本义：**

人头。

**基本字义：**

篇，张（指书、画、纸等）。~码。活~。

**常用词组：**

页数　网页

**小锦囊：**

汉字中，"页"是一个部首字。用"页"组成的汉字往往表示"头脸"的意义。如"顶"表示头的上部；"倾"表示头部不正而偏斜；"须"表示下巴上的毛；"顿"表示用头叩地；"颈"表示头下脖子的前部；"项"表示头下脖子的后部；"领"是头下脖子的两边；"颊"表示人面部上的两腮。

元〖yuán〗：first；primary

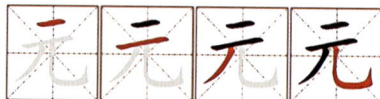

笔画数：4　　　部首：一　　　造字法：指事

**字形演变：**

甲骨文　　　金文　　　篆文　　　隶书　　　楷书

**字形分析：**

甲骨文字形由两部分构成，↑是侧身直立的人形，二用来强调这是人头所在的部位。

金文则用一个实心圆点表示人的头部。隶书将字体下部改为"儿"字，字形开始发生变化。

**本义：**

头。

**基本字义：**

（1）开始的，第一。～始。～旦。

（2）为首的，居首的。～首。～帅。

（3）主要，根本。～素。～音。

**常用词组：**

元宵　元老　公元　元音

**小锦囊：**

"元"也是一个构字偏旁，在"完""冠""顽""玩"等字中充当声旁或形旁。现代汉语"一元""两元"中的"元"是货币单位，有时也写作"圆"。

头〚tóu〛：head

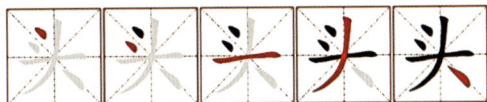

笔画数：5　　　部首：大　　　造字法：形声

字形演变：

金文　篆文　隶书　楷书

**字形分析:**

金文字形由左、右两部分构成, 是声符"豆", 是形符"頁（页）"。楷书简体字字形变化很大，和原字形没有相似之处。

**本义:**

人头。

**基本字义:**

（1）人身体的最上部分或动物身体的最前部分。～骨。～脸。

（2）物体的顶端或末梢。山～。笔～。

（3）指事情的起点或终点。从～儿说起。～绪。

**常用词组:**

头发　头脑　头疼　插头　回头　舌头　前头

**小锦囊:**

"首"字出现较早。"头"的本义是"首"，是在战国时期才出现的。因为人和动物都只有一个头，所以"头"引申为计算牲畜（shēngchù）数目的量词，如"一头牛"。因为人体最上部是头，动物最前端是头，所以"头"也表示次序在前，如"头一天"。一个部门的领导也常常被称为"头儿"。

# 练习题

**1.书写练习。**

shǒu  丶 丷 丷 产 产 首 首 首

首

yè 一 丆 丆 页 页 页

页

yuán 一 二 亍 元

元

tóu 丶 丶 二 头 头

头

## 2.写出含有下列偏旁的汉字。

例：夫　　扶　　　肤　　　芙

页　　_____　　_____　　_____

元　　_____　　_____　　_____

头　　_____　　_____　　_____

## 3.比较下列汉字，并注上拼音。

页（　　）　　负（　　）　　员（　　）

元（　　）　　无（　　）　　天（　　）

头（　　）　　尤（　　）　　失（　　）

## 4.请用所给汉字组词。

首（　　）　　页（　　）　　元（　　）　　头（　　）

# 第四节　手　足

又〖yòu〗：again

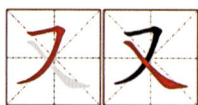

笔画数：2　　　　部首：又　　　　造字法：象形

字形演变：

甲骨文　　　金文　　　篆文　　　隶书　　　楷书

## 字形分析：

甲骨文字形像一只右手，字体下部像一截手臂。楷书的字形和隶书相似，已经看不出象形意味。

## 本义：

右手。

## 基本字义：

（1）表示重复或继续，指相同的。～下雨。～考试。

（2）表示加重语气、更进一层。你～不是小孩！

（3）表示几种情况或几种性质同时存在。～高～大。

**常用词组：**

看了又看　又大又甜　又写又画

**小锦囊：**

汉字中，"又"是一个部首字。用"又"组成的汉字往往与手有关，如"叉""反""度""友"等。在现代汉语中，"又"多用为虚词。

寸〖cùn〗：inch

笔画数：3　　　　部首：寸　　　　造字法：指事

**字形演变：**

篆文　　　隶书　　　楷书

**字形分析：**

篆文由 ㇕ 和 一 构成。一 是一个指事符号，指明这是人身上的一个部位，距离手腕一寸。

**本义：**

中医称距离手腕一寸长的部位为"寸口"。

中医在"寸口"把脉

**基本字义：**

（1）中国传统的长度单位。一～。

（2）短小。～土。～心。

**常用词组：**

分寸　尺寸　寸步难行　寸草不生

**小锦囊：**

汉字中，"寸"是一个部首字。用"寸"组成的汉字往往与法度有关，如"守""寻""封""寺"等。

手 〖shǒu〗：hand

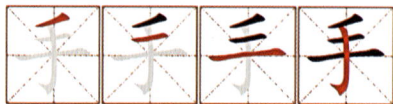

笔画数：4　　　部首：手　　　造字法：象形

**字形演变：**

金文　　　篆文　　　隶书　　　楷书

**字形分析：**

金文字形像手的形状，有手掌和五个手指。隶书将表现手指的笔画写成横画，已经看不出手的形象。

**本义：**

手。

**基本字义：**

（1）手。右~。

（2）拿着。人~一册。

（3）本领，方法。~段。

**常用词组：**

左手　动手　能手　手机

**小锦囊：**

汉字中，"手"是一个部首字。用"手"（扌）组成的汉字往往与手或手的动作有关，如"拳""折""指""拿""推""捡"等。

人的手和脚既有分工，又互相协同，二者关系紧密。所以汉语中"手"与"足"经常连在一起使用，如"手足无措""手舞足蹈"。

爪〖zhuǎ〗：claw

笔画数：4　　　部首：爪　　　造字法：象形

**字形演变：**

甲骨文　　金文　　篆文　　隶书　　楷书

**字形分析：**

甲骨文字形像一只手心向下伸出的手，手腕微微弯曲，像正在抓取什么东西。隶书和楷书的字形则改为撇捺的写法。

**本义：**

手、爪。

**基本字义：**

鸟兽的脚。鹰～。狗～。

**常用词组：**

爪子　鸡爪

**小锦囊：**

汉字中，"爪"是一个部首字。用"爪"（爫）字组成的汉字大都与手爪行为有关，如"爬""抓""采""受"等。

足〖zú〗：foot

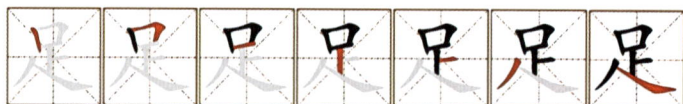

笔画数：7　　　部首：足　　　造字法：象形

**字形演变：**

甲骨文　　金文　　篆文　　隶书　　楷书

**字形分析：**

甲骨文字形上部像人肌肉发达的小腿，下部 ➤ 像脚掌和脚趾。金文字形的小腿部分被简化为一个圆。

**本义：**

脚。

**基本字义：**

（1）脚。~球。~迹。

（2）充分，够量。十~。充~。

**常用词组：**

足够　满足　手足之情　画蛇添足

**小锦囊：**

汉字中，"足"是一个部首字。用"足"（⻊）组成的汉字往往与脚有关，如"跟""跪""跳""距""路"等。

# 练习题

## 1.书写练习。

yòu　フ又

又

cùn　一寸寸

寸

shǒu　一二三手

手

zhuǎ　一厂爪爪

爪

zú ⟍ ⎕ ⎕ ⎕ ⎕ ⎕ 足

足

**2.写出含有下列偏旁的汉字。**

例：夫 ___扶___ ___肤___ ___芙___

又 _____ _____ _____

寸 _____ _____ _____

爪 _____ _____ _____

**3.比较下列汉字，并注上拼音。**

又（ ） 叉（ ） 丈（ ）

寸（ ） 才（ ） 丁（ ）

手（ ） 乎（ ） 于（ ）

爪（ ） 氏（ ） 瓜（ ）

**4.请用所给汉字组词。**

寸（ ） 手（ ） 爪（ ） 足（ ）

# 第五节　口　腔

口 〖kǒu〗：mouth

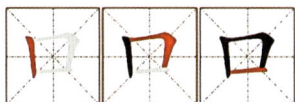

笔画数：3　　　　部首：口　　　　造字法：象形

字形演变：

甲骨文　　　金文　　　篆文　　　隶书　　　楷书

**字形分析：**

从甲骨文到楷书，字形都像人和动物张大嘴巴的样子，这个汉字是根据具体的实物造字的。从隶书开始，字形变得方正，看不出象形的痕迹了。

**本义：**

嘴。

**基本字义：**

（1）嘴。～腔。

（2）话语。～才。

（3）容器通外面的地方。瓶~。

（4）出入通过的地方。门~。港~。

（5）破裂的地方。~子。

**常用词组：**

口袋 口红 口试 可口 张口 胃口

**小锦囊：**

汉字中，"口"是一个部首字。用"口"组成的汉字大都是与口有关的行为，如"吃""喝""吞""咽""吐""咳""鸣"等。

舌〖shé〗：tongue

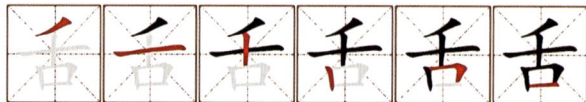

笔画数：6 部首：舌 造字法：象形

**字形演变：**

甲骨文 金文 篆文 隶书 楷书

**字形分析：**

甲骨文字形由上、下两部分构成，⊌ 是"口"，丫像是伸出来的舌头，舌头周围的小点 ''像是唾液（tuòyè）。篆文对字形进行简化，表意性质减弱。

**本义：**

舌头。

**基本字义：**

舌头。口～。

**常用词组：**

舌头　喉舌　七嘴八舌　口干舌燥

**小锦囊：**

汉字中，"舌"是一个部首字。用"舌"组成的汉字大都与舌的动作或味觉有关，如"舐""舔""甜"等。

牙〖yá〗：tooth

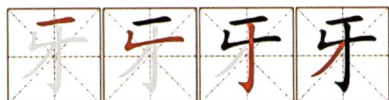

笔画数：4　　　部首：牙　　　造字法：象形

**字形演变：**

金文　　篆文　　隶书　　楷书

**字形分析：**

金文字形像兽牙交错。篆文字形的象形程度已不明显。楷书简体字的笔画方折，更方便书写。

**本义：**

口中的大牙。

**基本字义：**

牙齿。刷～。假～。

兽牙

**常用词组：**

牙齿　牙科　拔牙　虫牙　牙医

**小锦囊：**

古代把大齿称为"牙"，现在"牙"是齿的通称，也叫"牙齿"。用"牙"作部首的字不多，如"雅""鸦"中，"牙"是声符，字义和牙齿无关。

# 齿 〖chǐ〗：tooth

笔画数：8　　　部首：齿　　　造字法：象形

**字形演变：**

甲骨文　　金文　　篆文　　隶书　　楷书

**字形分析：**

甲骨文字形像嘴里上下两排牙齿。金文字形像是咧着嘴笑，牙齿露了出来。篆文和隶书增加了"止"字符号，表示读音。于是，"齿"字变成了形声字。

**本义：**

牙。

**基本字义：**

（1）牙齿。皓~。

（2）排列像牙齿形状的东西。~轮。梳子~儿。

**常用词组：**

门齿　难以启齿　唇亡齿寒　咬牙切齿

**小锦囊：**

汉字中，"齿"是一个部首字。用"齿"组成的汉字往往与牙齿有关，如"龄""龌（wò）""龊（chuò）"。

# 练习题

**1.书写练习。**

kǒu ㇒ ㄇ 口

口

shé ㇒ 二 千 千 舌 舌

舌

yá ㇒ 二 亍 牙

牙

chǐ ﾉ ﾄ ﾄ ﾄ 止 步 岁 齿 齿

齿

| | | | | | | | | | | | |
|---|---|---|---|---|---|---|---|---|---|---|---|

**2.写出含有下列偏旁的汉字。**

例：夫 ___扶___ ___肤___ ___芙___

口 _____ _____ _____

舌 _____ _____ _____

牙 _____ _____ _____

**3.比较下列汉字，并注上拼音。**

舌（　　）　　吞（　　）　　告（　　）

牙（　　）　　乐（　　）　　开（　　）

齿（　　）　　岳（　　）　　卤（　　）

**4.请用所给汉字组词。**

口（　　）　　舌（　　）　　牙（　　）　　齿（　　　）

# 第六节　五　官

目〖mù〗：eye

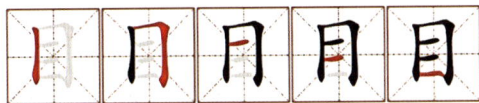

笔画数：5　　　部首：目　　　造字法：象形

字形演变：

| 甲骨文 | 金文 | 篆文 | 隶书 | 楷书 |

**字形分析：**

甲骨文、金文字形都像是一只眼睛。从篆文开始，字形被竖着书写。

**本义：**

眼睛。

**基本字义：**

（1）眼睛。～中无人。

（2）目录。剧～。书～。

（3）名称；标题。题～。

常用词组：

目光　眉目　目标　目前　盲目　科目　项目

**小锦囊：**

汉字中，"目"是一个部首字。用"目"组成的汉字大都与看的行为有关，如"盯""盼""睁""瞧"等。

眉〖méi〗：eyebrow

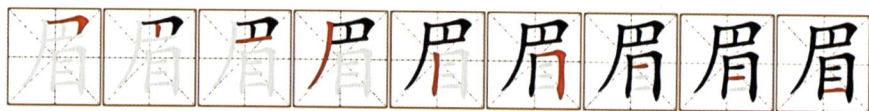

笔画数：9　　　　部首：目　　　　造字法：象形

**字形演变：**

甲骨文　　金文　　篆文　　隶书　　楷书

**字形分析：**

甲骨文字形是在眼睛上方画出了眉毛的样子。金文字形将眉毛和眼睛分开书写。从篆文开始，字形逐渐摆脱象形，变得抽象。

**本义：**

眉毛。

**基本字义：**

（1）眼睛上的眉毛。～毛。浓～。

（2）书页上端的空白。书～。页～。

**常用词组：**

眉毛　眉头　浓眉大眼　眉开眼笑　眉飞色舞

**小锦囊：**

眉毛的形状可以反映人的心情，所以人们常用"眉目"一词比喻事物的要领、头绪或条理，如"这件事的调查工作已经有眉目了"。

耳〖ěr〗：ear

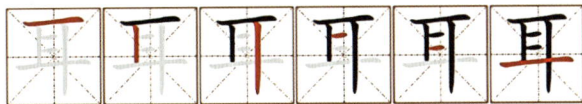

笔画数：6　　　　部首：耳　　　　造字法：象形

**字形演变：**

甲骨文　　金文　　篆文　　隶书　　楷书

**字形分析：**

甲骨文、金文字形像人耳朵的轮廓。篆文字形逐渐摆脱象形，变得抽象。

**本义：**

耳朵。

**基本字义：**

（1）听觉器官，耳朵。左~。~垂。

（2）形状像耳朵的东西。木~。银~。

**常用词组：**

耳机　耳环　悦耳　耳目一新　交头接耳

**小锦囊：**

汉字中，"耳"是一个部首字。用"耳"组成的汉字大多和耳朵、听觉有关，如"取""耻""联""闻""聆""聪"等。

自 〖zì〗：self；oneself

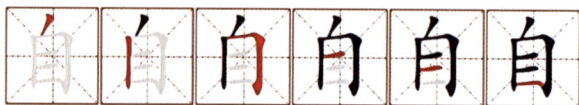

笔画数：6　　　部首：自　　　造字法：象形

**字形演变：**

甲骨文　　金文　　篆文　　隶书　　楷书

**字形分析：**

甲骨文字形像鼻子的轮廓，两条横线像鼻梁上的皱纹。从隶书开始，字形逐渐摆脱象形，变得抽象。

**本义：**

鼻子。

**基本字义：**

（1）自己。独~。~身。

（2）从，由。~从。~古以来。

**常用词组：**

自己　自大　自豪　自动　自助　自觉

**小锦囊：**

汉字中，"自"是一个部首字。用"自"组成的汉字往往与鼻子有关，如"臭""息"。因为人们在谈话中说到自己时，常指着自己的鼻子，所以"自"又用来表示"自己"的意思，作为第一人称。

**而**〖ér〗：and yet；but；while；on the other hand

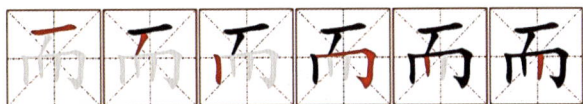

笔画数：6　　　　部首：而　　　　造字法：象形

**字形演变：**

甲骨文　　　金文　　　篆文　　　隶书　　　楷书

**字形分析：**

甲骨文字形像男子脸颊上的胡须自然下垂的样子。从金文开始，字形略有变化，但还可以看出最初造字的意图。

**本义：**

脸颊上垂下的胡须。

**基本字义：**

连词。多~杂。取~代之。~且。

**常用词组：**

因而　而已　从而　反而

**小锦囊：**

在现代汉字中，"而"已经没有"胡须"的含义了，主要用作连词，表示对比、说明、并列、假设等意味。

须〖xū〗：beard

笔画数：9　　部首：彡　　造字法：象形

**字形演变：**

甲骨文　　金文　　篆文　　隶书　　楷书　　简体

**字形分析：**

甲骨文字形像一个大脑袋的人脸上长满胡须。篆文字形变为左右结构，"彡"像胡子的样子，"頁（页）"表示与人的头部相关。造字法从象形法变为会意法。

**本义：**

两腮上的胡须。

**基本字义：**

（1）必须。无～。

（2）面上生的毛，胡子。～眉（男子的代称）。

（3）像胡须的东西。～根。触～。

**常用词组：**

胡须　必须　须知　须子

**小锦囊：**

"须"最初造字的本义是"胡须"，现代汉语又有了动词义"必须"。"须"单用时多用于通知、规定等书面语，如"来客须知"。

面〖miàn〗：face

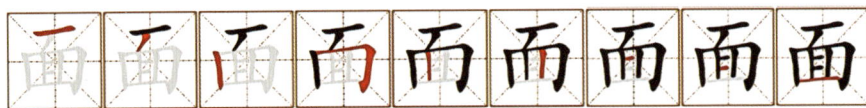

笔画数：9　　　部首：面　　　造字法：象形

字形演变：

| 甲骨文 | 篆文 | 隶书 | 楷书 |

**字形分析：**

甲骨文字形在侧面的脸形中突出了一只眼睛，表示人的面目。篆文用"自"（鼻子义）替换了"目"，大概是因为鼻子是人面部最突出的五官。

**本义：**

人脸、面孔。

夏玉雕人头像

**基本字义：**

（1）脸。~孔。

（2）用脸对着，向着。~对。~壁。

（3）事物的外表。地~。

（4）方位，部分。前~。反~。

（5）会见，直接接头的。当~。耳提~命（耳提：提着耳朵叮嘱）。

（6）量词，多用于扁平的物件。一~旗。

**常用词组：**

面容　见面　表面　背面　对面　面试

**小锦囊：**

汉字中，"面"是一个部首字。用"面"组成的汉字往往与面颊有关，如"腼（miǎn）""靥（yè）"。"面"在古代指人的整个面部。

"脸"字在魏晋时期才出现，而且只指两颊的上部，唐宋时才开始在口语中使用。

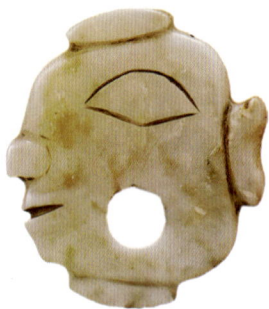

# 练习题

## 1.书写练习。

mù 丨 冂 冃 月 目
目

méi 乛 フ 严 尸 尸 屑 屑 眉 眉
眉

ěr 一 丆 丆 丌 丣 耳 耳
耳

zì 丿 丨 冂 冃 自 自
自

ér 一 丆 丆 丙 而 而
而

xū 丿 丿 彡 彡 彡 矛 须 须 须
须

miàn 一 丆 丆 丙 而 而 面 面 面
面

**2.写出含有下列偏旁的汉字。**

例：夫　<u>扶</u>　<u>肤</u>　<u>芙</u>

目　_____　_____　_____

耳　_____　_____　_____

自　_____　_____　_____

**3.比较下列汉字，并注上拼音。**

目（　　）　日（　　）　月（　　）

眉（　　）　盾（　　）　届（　　）

耳（　　）　且（　　）　丑（　　）

而（　　）　面（　　）　向（　　）

**4.请用所给汉字组词。**

耳（　　）　自（　　）　须（　　）　面（　　　）

# 第七节　身　体

身〖shēn〗：body

笔画数：7　　　　部首：身　　　　造字法：指事

字形演变：

甲骨文　　　金文　　　篆文　　　隶书　　　楷书

**字形分析：**

甲骨文字形像侧身站立的人形，腹部微微隆起。从隶书开始，字形已经看不出象形的意味。

**本义：**

身体。

**基本字义：**

（1）身体。~躯。~材。

（2）亲自，本人。自~。亲~。

**常用词组：**

身体　身份　身材　身高　身影

**小锦囊：**

汉字中，"身"是一个部首字。用"身"组成的汉字往往与自身有关，如"躺""躯""躬"等。

"身"在古代还有"怀孕"义，现在仍保留在"有身孕""有身子"这样的词当中。

# 肩〖jiān〗：shoulder

| | | | | | | | |
|---|---|---|---|---|---|---|---|
| 肩 | 肩 | 肩 | 户 | 戶 | 肩 | 肩 | 肩 |

笔画数：8　　　部首：户　　　造字法：象形

**字形演变：**

甲骨文　　　篆文　　　楷书

**字形分析：**

甲骨文字形像是脖子旁边胳膊上部可活动的部位，表示这是一个连接部位。篆文字形改写为上、下两部分，已经看不出象形的痕迹。

**本义：**

肩膀。

**基本字义：**

肩膀。～并～。

**常用词组：**

肩膀　肩章　披肩

**小锦囊：**

"肩"的楷书字形上部写为"户"，但和"门户"的含义无关，可能是想比喻肩膀和门户一样，可以自由转动。后来，"肩"在"肩膀"这个意思上又有了"担负"这个含义，如"身肩重任"。

要〖yào〗：important；essential

笔画数：9　　　部首：西（西）　　　造字法：象形

**字形演变：**

甲骨文　　篆文　　隶书　　楷书

**字形分析：**

甲骨文字形像一个女子头顶烈日，左右手叉腰站立。隶书字形中女性的形象已不明显了。楷书变为上下结构，字形上方写为"覀"，已经看不出表示手的字符。

**本义：**

人体的腰部。

**基本字义：**

（1）重要的。~点。~领。

（2）希望得到。～吃。～睡觉。

（3）请求，要求。她～我给她读报。

（4）应该，必须。须～。

（5）如果，倘若。～是。

（6）表选择。～么。～不。

**常用词组：**

重要　首要　必要　要不然　不要紧

**小锦囊：**

"要"的本义是"人体的腰部"。这个字义在今天写作"腰"，而"要"这个字形已经没有"腰部"这个含义了，而表示其他含义，如"需要""重要"等。

胃 〖wèi〗：stomach

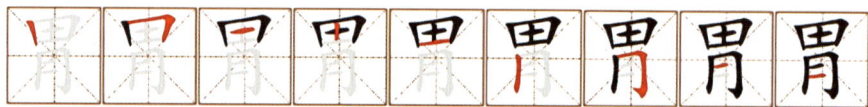

笔画数：9　　　　部首：田　　　　造字法：象形

**字形演变：**

金文　　篆文　　楷书

**字形分析：**

金文字形由上、下两部分构成，像一个装满东西的袋子，的意思是肉，比喻胃里装有很多食物。楷书将字形的上部简化为"田"字，其实字义和田地没有关系。

**本义：**

胃。

**基本字义：**

人和动物的消化器官，胃。肠 ~。

**常用词组：**

胃口　胃药　胃病　胃炎　肠胃　开胃

**小锦囊：**

"胃"是人的消化器官，我们想表示一个人有食欲，可以把"胃"和"口"连用，如"这道菜正合他的胃口""他的胃口很好，吃什么都很香"。"胃口"也可比喻对事物或活动的兴趣，如"这部电影不合他的胃口"。

# 骨 〖 gǔ 〗：bone

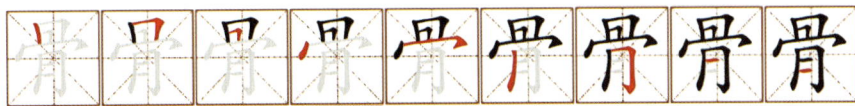

笔画数：9　　　部首：骨　　　造字法：象形

**字形演变：**

甲骨文　　篆文　　隶书　　楷书

**字形分析：**

甲骨文字形像人骨骨架相互系连的样子。篆文在字形的下部又增添了一个"月"（肉义）字，表示骨骼需要肌肉的包裹。

**本义：**

骨头。

**基本字义：**

（1）骨头。~肉相连。

（2）像骨的东西（指支撑物体的骨架）。伞~。扇~。

（3）指人的品质、气概。~气。

**常用词组：**

骨头　骨折　骨架　骨瘦如柴　脱胎换骨

**小锦囊：**

汉字中，用"骨"字作偏旁的字大都与骨头有关，如"髋（kuān）""骷（kū）""髅（lóu）"等。

心〚xīn〛：heart

笔画数：4　　　部首：心　　　造字法：象形

**字形演变：**

甲骨文　　金文　　篆文　　隶书　　楷书

**字形分析：**

甲骨文字形像心脏的形状。隶书和楷书的字形比较规矩，已经看不出象形的意味。

**本义：**

心脏。

**基本字义：**

（1）器官，心脏。~跳。冠~病。

（2）中央，枢纽，主要的。~腹。中~。

**常用词组：**

粗心　心情　心灵　心爱　恒心　关心　开心

**小锦囊：**

汉字中，"心"是一个部首字。放在汉字的下方时字形不变，放在汉字的左边时写作"忄"。组成的汉字大都与心思、心态有关，如"想""愁""悲""慕""念""愉""惕"等。

古人认为心是思想的器官，所以今天很多用"心"组成的词汇都和思想、感情有关，如"他今天心情不好""老师和我谈心""她是个心细的女孩儿"。

## 尾〖wěi〗：tail

笔画数：7　　部首：尸　　造字法：象形

**字形演变：**

甲骨文　　金文　　篆文　　隶书　　楷书

**字形分析：**

甲骨文字形是一个侧面站立的人，身后有一条大尾巴。金文字体又在字形下方加了一只左手，表示用手抓着尾巴。从隶书开始，字形的上半部改写为"尸"字头。

**本义：**

动物的尾巴。

**基本字义：**

（1）尾巴。马～。

（2）末端。～声。结～。

（3）跟在后面。～随。追～。

**常用词组：**

尾巴　尾灯　结尾　摇头摆尾　虎头蛇尾

**小锦囊：**

"尾"的甲骨文字形反映了远古人们在祭祀和庆祝活动中的装扮。当时的人们在活动中一定会佩戴上"尾巴"，模仿森林里的野兽或者表示自己部落的图腾。

# 练习题

**1.书写练习。**

shēn　　丿　𠄌　刀　甸　甸　身　身

身

jiān　　丶　丶　㇕　户　户　肩　肩

肩

yào 一 厂 厅 币 西 西 要 要 要

要

wèi 丶 口 口 田 田 甲 胃 胃 胃

胃

gǔ 丶 口 口 口 丹 骨 骨 骨 骨

骨

xīn 丶 心 心 心

心

wěi 一 コ 尸 尸 尸 尾 尾

尾

2.写出含有下列偏旁的汉字。

例：夫 ___扶___ ___肤___ ___芙___

身 _____ _____ _____

骨 _____ _____ _____

心 _____ _____ _____

3.比较下列汉字，并注上拼音。

肩（　） 扁（　） 雇（　）

要（　） 耍（　） 栗（　）

胃（　） 胄（　） 冒（　）

心（　） 必（　） 比（　）

4.请选出下列汉字中共有的部件。

例：要 耍（ A ）　　A.女　　B.西　　C.而

（1）肩 腿（　）　　A.户　　B.艮　　C.月

（2）胃 男（　）　　A.月　　B.田　　C.力

（3）尾 毯（　）　　A.毛　　B.尸　　C.火

第二章　动物植物

# 第一节 飞 禽

鸟 〖niǎo〗：bird

笔画数：5　　　　部首：鸟　　　　造字法：象形

字形演变：

| 甲骨文 | 金文 | 篆文 | 隶书 | 楷书 |

**字形分析：**

甲骨文字形是一只站立在树枝上的鸟儿。金文、篆文字形突出了鸟儿漂亮的羽毛。隶书字形逐渐脱离了象形。

**本义：**

鸟。

**基本字义：**

鸟类。～儿。候～。

三星堆青铜鸟

**常用词组：**

鸟类　小鸟　飞鸟　鸟窝　花鸟

**小锦囊：**

汉字中，"鸟"是一个部首字。用"鸟"组成的汉字往往与鸟有关，如"鸭""鸣""鹦""鹉"等。

乌 〖wū〗：black；dark

笔画数：4　　　　部首：丿　　　　造字法：象形

**字形演变：**

金文　　　篆文　　　隶书　　　楷书

**字形分析：**

金文字形像一只仰头鸣叫的鸟儿。字形没有画出鸟儿的眼睛，说明这种鸟羽毛的颜色和眼睛的颜色一样，都是黑色，很难看清楚。

**本义：**

乌鸦。

乌鸦

**基本字义：**

（1）乌鸦。~合之众。

（2）黑色的。~亮。~云。

**常用词组：**

乌鸦 乌龟 乌黑 乌云 乌七八糟

**小锦囊：**

因为乌鸦一身黑，看不见它的眼睛，所以"乌"有了"乌黑"这个常用义，如"乌云""乌发"。

# 鸡〖jī〗：chicken

笔画数：7　　　部首：又　　　造字法：象形

**字形演变：**

甲骨文　　金文　　篆文　　隶书　　楷书

**字形分析：**

甲骨文字形很像一只侧身站立、正在啼叫的公鸡。篆文字形由两部分构成，𦫳是声符，𨾴是形符，变为形声字造字法。

**本义：**

鸡。

**基本字义：**

一种家禽。公 ~。

**常用词组：**

鸡蛋　鸡肉　母鸡　锦鸡

敦煌壁画中的鸡

**小锦囊：**

公鸡打鸣可以驱除黑暗、迎接光明，又因为"鸡"和"吉"谐音，有吉庆的意思，所以在古人眼里，"鸡"是吉祥的使者，是"吉禽"。相关词语有"金鸡报晓""闻鸡起舞""一唱雄鸡天下白"等。

凤 〖fèng〗：phoenix

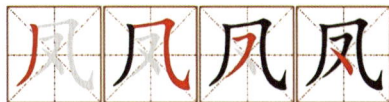

笔画数：4　　　　部首：几　　　　造字法：象形

**字形演变：**

甲骨文　　　金文　　　篆文　　　隶书　　　楷书

**字形分析：**

甲骨文字形是一只非常华美的大鸟，头上有高高的冠子，身后拖着巨大的尾巴。篆文字形的下部添加🦅（鸟），突出字义和鸟有关。楷书简体字将"鸟"替换为"又"，看不出造字的本义了。

唐代凤鸟纹银盘

**本义：**

凤凰。

**基本字义：**

传说中的鸟王。～凰。

**常用词组：**

凤凰　凤冠　凤毛麟角

**小锦囊：**

"凤"是古代传说中的百鸟之王，是中华民族的图腾之一，常用来象征吉祥、喜庆的事。传说"凤"是雄鸟，"凰"是雌鸟，统称为"凤凰"。

# 练习题

**1.书写练习。**

niǎo　ノ　ク　ク　鸟　鸟

鸟

wū ′ 勹 乌 乌

乌

jī 乛 又 又 邓 邓 鸡 鸡

鸡

fèng 丿 几 凤 凤

凤

## 2.写出含有下列偏旁的汉字。

例：夫 ___扶___ ___肤___ ___芙___

乌 _____ _____ _____

鸟 _____ _____ _____

## 3.比较下列汉字，并注上拼音。

乌（ ） 凫（ ） 岛（ ）

鸟（ ） 包（ ） 马（ ）

凤（ ） 风（ ） 夙（ ）

## 4.请用所给汉字组词。

鸟（ ） 乌（ ） 鸡（ ） 凤（ ）

# 第二节　走　兽

## 牛 〖niú〗: ox；cattle

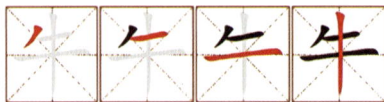

笔画数：4　　　部首：牛　　　造字法：象形

字形演变：

甲骨文　　金文　　篆文　　隶书　　楷书

**字形分析：**

甲骨文字形像是牛的头部，∪突出了牛有一双弯曲的尖角，Ψ用简单的线条描画了牛脸。金文字形画出了牛头的样子。

**本义：**

牛。

**基本字义：**

（1）哺乳动物，牛。黄～。～角。

（2）比喻固执或骄傲。～气。

敦煌莫高窟第249窟《狩猎图》（局部）

**常用词组：**

牛马　牛角　牛乳　奶牛　牛车　牛刀小试

**小锦囊：**

汉字中，"牛"是一个部首字。用"牛"组成的汉字大都与牛有关，如"牧""牦""牟""牵"等。

羊〖yáng〗：sheep

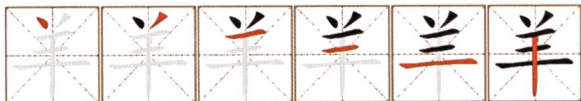

笔画数：6　　　部首：羊　　　造字法：象形

**字形演变：**

甲骨文　　金文　　篆文　　隶书　　楷书

**字形分析：**

甲骨文字形像是羊的头部，∧∧好似弯曲的羊角，↓用简单的线条描画了羊脸，与"牛"类似。篆文、隶书、楷书字形相近，笔画逐渐变得平直，字形变得方正。

**本义：**

羊。

甲骨文拓片

**基本字义：**

羊。山～。～肠小道。

**常用词组：**

绵羊　羊羔　羊毫

**小锦囊：**

汉字中，"羊"是一个部首字。用"羊"组成的汉字大都与美、善、吉祥有关，如"美""善""祥""羡"等。

犬〖quǎn〗：dog

笔画数：4　　　部首：犬　　　造字法：象形

**字形演变：**

甲骨文　金文　篆文　隶书　楷书

**字形分析：**

甲骨文字形像一条侧面直立、尾巴上卷的狗。隶书字形失去了象形的特点，逐渐趋于符号化。

**本义：**

狗。

春秋金狗

**基本字义：**

狗。猎~。

**常用词组：**

警犬　犬子　犬马之劳　犬牙交错

**小锦囊：**

汉字中，"犬"是一个部首字。用"犬"（犭）组成的汉字大都和哺乳动物有关，如"猫""狼""狐"等。

马〚mǎ〛：horse

笔画数：3　　　　部首：马　　　　造字法：象形

**字形演变：**

甲骨文　　　金文　　　篆文　　　隶书　　　楷书

**字形分析：**

甲骨文字形像一匹侧面直立向上的马，字形上部突出了马儿尖耳、圆眼、大嘴的特点，并形象地描绘了马的鬃（zōng）毛和马尾。篆文后，象形特点逐渐减弱。

**本义：**

马。

汉字

**基本字义：**

哺乳动物，马。～匹。骏～。

**常用词组：**

快马　牛马　马车　马到成功　走马观花

马踏飞燕

**小锦囊：**

汉字中，"马"是一个部首字。用"马"组成的汉字大都与马有关，如"骏""驾""驶"等。

虎〖hǔ〗：tiger

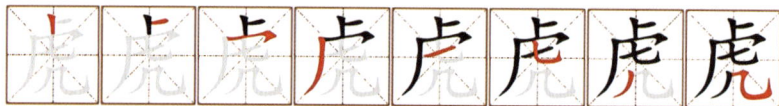

笔画数：8　　　部首：虍　　　造字法：象形

**字形演变：**

甲骨文　　金文　　篆文　　隶书　　楷书

**字形分析：**

甲骨文字形像是一头野兽，它有着锋利的牙齿、血盆大口，身子布满条纹，脚爪张开，还有一条粗壮卷翘的尾巴，就像一只栩栩如生的猛虎。篆文字形改为上下结构，看不出象形的特征了。

**本义：**

老虎。

**基本字义：**

（1）哺乳动物，老虎。~口。~穴。

（2）勇猛、威武。~将。~~有生气。

西周青铜虎

**常用词组：**

老虎　虎符　虎头蛇尾　龙腾虎跃

**小锦囊：**

在古人心中，老虎威猛又凶残，让人既畏惧、憎恨，又忍不住崇敬、爱慕。古代作战勇猛的武将被称为"虎将"；形容一个人很有活力，可以说他"生龙活虎""虎虎生风"；形容小男孩可爱，可以说他长得"虎头虎脑"。

汉字中，"虎"是一个部首字。用"虎"（虍）组成的汉字大都与虎有关，如"虐""彪"等。还有一些字，"虍"为声符，如"虑""虏"等。

象〖xiàng〗：elephant

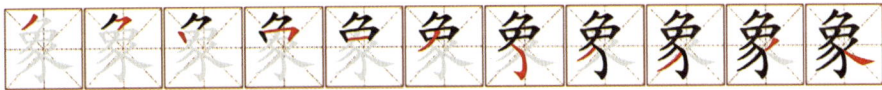

笔画数：11　　　部首：⺈　　　造字法：象形

**字形演变：**

甲骨文　　金文　　篆文　　隶书　　楷书

**字形分析：**

甲骨文字形是头朝上、尾朝下的一只野兽，突出了它大大的耳朵、长长的鼻子和宽厚的身躯。金文字形像一头正在低头寻找食物的大象。篆文虽逐渐摆脱象形，但在字形上还能看到大象耳、鼻、牙、四足、尾的形状。

甲骨文拓片

**本义：**

大象。

**基本字义：**

（1）哺乳动物，大象。~牙。
（2）形状，样子。形~。气~。

**常用词组：**

大象　象牙　景象　现象　万象更新

**小锦囊：**

象身体庞大、力大无比，又性情温顺，很早就被人类驯服。早在宋代，皇宫中就设有专门饲养象的象苑（yuàn），每逢祭祀大典都会有象车游行。象神态安详、行走稳健，被认为是太平盛世的象征。

青铜象尊

# 练习题

## 1.书写练习。

niú ノ ト 二 牛

| 牛 | | | | | | | | | | |
|---|---|---|---|---|---|---|---|---|---|---|

yáng 、 ⺍ ⺌ 二 兰 羊

| 羊 | | | | | | | | | | |
|---|---|---|---|---|---|---|---|---|---|---|

quǎn 一 ナ 大 犬

| 犬 | | | | | | | | | | |
|---|---|---|---|---|---|---|---|---|---|---|

mǎ ㄱ 马 马

| 马 | | | | | | | | | | |
|---|---|---|---|---|---|---|---|---|---|---|

hǔ 丨 ⺊ ⺊ 广 卢 卢 虍 虎

| 虎 | | | | | | | | | | |
|---|---|---|---|---|---|---|---|---|---|---|

xiàng ノ ⺈ ⺈ ⺈ 兮 兮 每 象 象 象

| 象 | | | | | | | | | | |
|---|---|---|---|---|---|---|---|---|---|---|

## 2.写出含有下列偏旁的汉字。

例:夫 ___扶___ ___肤___ ___芙___

牛 _____ _____ _____

犬 _____ _____ _____

虎（虍） _____ _____ _____

3.比较下列汉字，并注上拼音。

牛（　　）　　午（　　）　　丰（　　）

羊（　　）　　半（　　）　　举（　　）

犬（　　）　　尤（　　）　　夭（　　）

虎（　　）　　虑（　　）　　虐（　　）

象（　　）　　家（　　）　　豪（　　）

4.请用所给汉字组词。

牛（　　）　　羊（　　）　　马（　　）　　虎（　　）　　象（　　）

# 第三节　虫　鱼

虫〖chóng〗：insect；worm

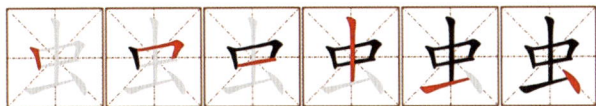

笔画数：6　　　部首：虫　　　造字法：象形

**字形演变：**

甲骨文　　　金文　　　篆文　　　隶书　　　楷书

**字形分析：**

甲骨文字形像一条身体弯曲的蛇。金文字形在蛇头上还点了两只眼睛。从隶书开始，象形意味减弱。

**本义：**

虫子。

**基本字义：**

（1）虫子。昆～。益～。

（2）指有某类特点的人，多含贬义。懒～。

**常用词组：**

虫子　虫牙　害虫　杀虫剂　糊涂虫　可怜虫

**小锦囊：**

汉字中，"虫"是一个部首字。用"虫"组成的汉字往往与昆虫、蛇等有关，如"蚕""蛇""蛰"等。

鱼〖yú〗：fish

笔画数：8　　　　部首：鱼　　　　造字法：象形

**字形演变：**

甲骨文　　金文　　篆文　　隶书　　楷书

**字形分析：**

甲骨文字形像一条鱼，身上还有鱼鳞。金文字形也特别形象，有圆圆的眼睛、发达的鱼鳍和长长的鱼尾。从篆文开始，字形逐渐摆脱象形特征。

商代玉鱼

**本义:**

鱼。

**基本字义:**

生活在水中的脊椎动物,一般有鳞和鳍,用鳃呼吸。~网。~虾。

**常用词组:**

鱼类　金鱼　鲤鱼　鱼米之乡

**小锦囊:**

汉字中,"鱼"是一个部首字。用"鱼"组成的汉字往往与鱼有关,如"鱿""鲍""鳖"等。

对古人来说,鱼是富足的象征,因为"鱼"和"余"的发音一样,寓意"年年有余"。古人常用的铜镜背后常铸有双鱼图案,年画里常常出现娃娃抱鲤鱼的形象。

双鱼纹铜镜

福娃抱鲤鱼剪纸

# 龙 〖lóng〗: dragon; loong

笔画数:5　　　部首:龙　　　造字法:象形

字形演变：

甲骨文　　金文　　篆文　　隶书　　楷书

字形分析：

甲骨文字形像龙形，能分辨出头冠、双角、大口、蜿蜒的龙身拖着长尾的样子。金文特别强调其张口露齿的样子。篆文和隶书"龙"非常复杂。楷书简体字简化了笔画，书写简洁。

青铜龙

本义：

龙。

基本字义：

（1）传说中的一种长形、有鳞、有角、能兴风降雨的神异动物，是华夏民族的图腾。～舟。～灯。

（2）皇帝的象征，或关于皇帝的东西。～体。～袍。

常用词组：

龙宫　龙王　龙船　恐龙　画龙点睛　叶公好龙

小锦囊：

从秦代开始，龙就和帝王联系起来，与帝王相关的都用"龙"来称呼，如"龙辇""龙脉""龙颜"等。后来人们也用"龙"比喻杰出的人物或事物，如"龙虎之争""龙蛇混杂"；还用它来形容华丽的书法或文章，如"笔走龙蛇"。

# 龟 〖guī〗：tortoise

| ノ | ク | ク | 免 | 免 | 免 | 龟 |
|---|---|---|---|---|---|---|

笔画数：7　　　　部首：龟　　　　造字法：象形

**字形演变：**

甲骨文　　　金文　　　篆文　　　隶书　　　楷书

**字形分析：**

甲骨文字形像一只侧视角度的乌龟，金文字形则是一只俯视角度的乌龟。隶书字形沿袭了篆文的写法，楷书简体字字形变得简洁。

**本义：**

龟。

**基本字义：**

一种寿命很长的爬行动物，腹背都有硬甲，头尾和脚能缩入甲中。乌～。～甲。

**常用词组：**

乌龟　海龟　龟甲　龟板

**小锦囊：**

因为龟长寿，古人认为它能预测凶吉，所以就用龟甲作为占卜的工具，今天发现的甲骨文大多刻在龟甲上。

唐龟纹银盘

# 练习题

**1.书写练习。**

chóng 丶 口 口 中 虫 虫

| 虫 | | | | | | | | | | |
|---|---|---|---|---|---|---|---|---|---|---|

yú ⺈ ⺈ ⺈ 鱼 鱼 鱼 鱼 鱼

| 鱼 | | | | | | | | | | |
|---|---|---|---|---|---|---|---|---|---|---|

lóng 一 ナ 尤 龙 龙

| 龙 | | | | | | | | | | |
|---|---|---|---|---|---|---|---|---|---|---|

guī ⺈ ⺈ ⺈ 刍 刍 白 龟

| 龟 | | | | | | | | | | |
|---|---|---|---|---|---|---|---|---|---|---|

**2.写出含有下列偏旁的汉字。**

例：夫　<u>　扶　</u>　<u>　肤　</u>　<u>　芙　</u>

虫　<u>　　　</u>　<u>　　　</u>　<u>　　　</u>

鱼　<u>　　　</u>　<u>　　　</u>　<u>　　　</u>

龙　<u>　　　</u>　<u>　　　</u>　<u>　　　</u>

**3.比较下列汉字，并注上拼音。**

虫（　　　）　中（　　　）　申（　　　）

鱼（　　　）　刍（　　　）　角（　　　）

龙（　　　）　戈（　　　）　尤（　　　）

龟（　　）　　鼋（　　）　　争（　　）

4.请选出下列汉字中共有的部件。

例：要 耍（ A ）　　A.女　　　　B.西　　　　C.而
（1）虫 忠（　　）　　A.忄　　　　B.心　　　　C.中
（2）鱼 画（　　）　　A.一　　　　B.夕　　　　C.田
（3）龟 色（　　）　　A.夕　　　　B.田　　　　C.巴

# 第四节　粮　食

禾〖hé〗：crop

笔画数：5　　　　部首：禾　　　　造字法：象形

字形演变：

| 甲骨文 | 金文 | 篆文 | 隶书 | 楷书 |

字形分析：

甲骨文字形像一株已经成熟的庄稼，沉甸甸的穗子压弯枝头。从隶书开始，笔画变得平直舒展，不太能看出谷穗的样子。

本义：

谷类。

基本字义：

禾苗。~场。

谷子

**常用词组：**

禾杆　禾田

**小锦囊：**

汉字中，"禾"是一个部首字。用"禾"组成的汉字往往与谷物种植有关，如"季""科""秀""移"等。

米〖mǐ〗：rice

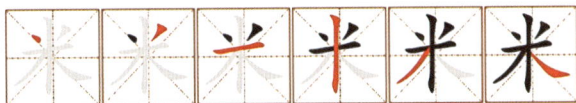

笔画数：6　　　部首：米　　　造字法：象形

**字形演变：**

甲骨文　　篆文　　隶书　　楷书

**字形分析：**

甲骨文字形像散落在地上的米粒，篆文字形的中间开始变为"十"，米粒向十字的交点聚集。楷书字形沿用了篆文的写法。

舂（chōng）米画像砖

**本义：**

米。

**基本字义：**

（1）谷物和其他植物去壳后的籽实。大~。~粒。

（2）长度单位。一~。

**常用词组：**

大米　稻米　米酒　米粉　米尺

**小锦囊：**

汉字中，"米"是一个部首字。用"米"组成的汉字往往与谷物有关，如"粟""粱""粒""粮""粉"等。

来〖lái〗：come

笔画数：7　　　　部首：一　　　　造字法：象形

**字形演变：**

甲骨文　　　金文　　　篆文　　　隶书　　　楷书

**字形分析：**

甲骨文字形像一株谷物，有根、杆和叶。金文字形还描画出垂下的谷穗。篆文字形开始变化，象形意味逐渐减弱。

**本义：**

麦子。

**基本字义：**

（1）由另一方面到这一方面，与"往""去"相对。～回。～往。

（2）词缀，构成时间词。从～。向～。

（3）现在以后，未到的时间。～年。将～。

（4）用在数词或数量词后面，表示约略估计。两百～头猪。

**常用词组：**

来宾  来访  来客  来信  近来  看来

**小锦囊：**

"来"的本义是"麦子"。后来这个字形被"来往"意借用，于是古人另造"麳"字表示本义。

麦〖mài〗：wheat

画数：7        部首：麦        造字法：象形

字形演变：

甲骨文        金文        篆文        隶书        楷书

**字形分析:**

甲骨文字形像麦子的样子,上部是枝叶,下部是交错的根须。金文、篆文字形都和甲骨文字形相似。从隶书开始,字形变得平直舒展,象形意味减弱。

**本义:**

麦子。

**基本字义:**

一种重要的粮食,有小麦、大麦、燕麦等。~子。~苗。

麦子

**常用词组:**

麦子　麦浪　麦片　麦穗　麦芽糖

**小锦囊:**

汉字中,"麦"是一个部首字。用"麦"字组成的汉字往往与麦子有关,如"麸""麺(面)"等。麦是中国北方地区的主产粮食作物。

# 练习题

## 1.书写练习。

hé ㇒ 二 千 禾 禾

禾

mǐ 丶 丷 丷 半 米 米

米

lái　一 ㇇ ㇒ 卫 平 来 来

来

mài　一 二 キ 圭 事 麦 麦

麦

**2.写出含有下列偏旁的汉字。**

例：夫　　扶　　　肤　　　芙

禾　_____　_____　_____

米　_____　_____　_____

来　_____　_____　_____

**3.比较下列汉字，并注上拼音。**

禾（　　　）　　天（　　　）　　失（　　　）

米（　　　）　　朱（　　　）　　光（　　　）

来（　　　）　　夹（　　　）　　耒（　　　）

**4.请用所给汉字组词。**

禾（　　）　　米（　　）　　来（　　）　　麦（　　）

# 第五节　瓜　果

瓜　〖guā〗：melon

笔画数：5　　　部首：瓜　　　造字法：象形

字形演变：

金文　　　篆文　　　隶书　　　楷书

**字形分析：**

金文字形像藤蔓（téngwàn）中有一个瓜的样子，是藤上结瓜的形象。楷书沿袭了篆文的写法，第四笔是一笔点画，强调这里结了个瓜。

**本义：**

瓜。

**基本字义：**

蔓生植物，果实可以吃。西～。～农。

**常用词组：**

瓜田　瓜果　瓜子　冬瓜　黄瓜

**小锦囊：**

汉字中，"瓜"是一个部首字。用"瓜"组成的汉字往往与瓜果有关，如"瓢""瓣"
"瓤"等。

# 果〖guǒ〗：fruit

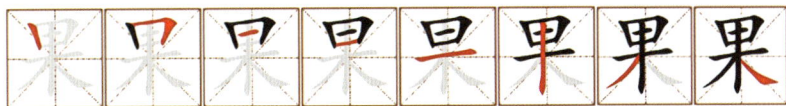

笔画数：8　　　　部首：｜　　　　造字法：象形

**字形演变：**

| 甲骨文 | 金文 | 篆文 | 隶书 | 楷书 |

**字形分析：**

甲骨文字形像一棵树上结了果实。金文字形凸显
果实硕大。篆文字形也是树上结果实的样子，但字形
变化为"田"字。隶书、楷书的形体都沿用篆义字形。

**本义：**

果子。

果实

**基本字义：**

（1）果子。~实。

（2）事情最后的结局。结~。后~。

（3）坚决。~决。~断。

（4）确实，真的。~真。如~。

**常用词组：**

果树　水果　苹果　果然　果敢

**小锦囊：**

　　"果"的本义是"植物结的果实"，后来引申为"事情有了最后的答案"，又引申为"事情的结果和预料的相符"，"果"就有了"果然"这个意思。

杏〖xìng〗：apricot

| 一 | 十 | 才 | 木 | 杏 | 杏 | 杏 |
|---|---|---|---|---|---|---|

笔画数：7　　　　部首：木　　　　造字法：会意

**字形演变：**

甲骨文　　篆文　　楷书

**字形分析：**

　　甲骨文字形由 ✦ 和 ▢ 两部分构成，像人在树下张大嘴巴等着吃什么，可见这是一种果实可以吃的树木。篆文和楷书的字形沿袭了甲骨文的写法。

**本义：**

杏树。

**基本字义：**

落叶乔木，果实叫杏。黄～。～仁。

**常用词组：**

杏树　银杏　杏花　杏坛

杏子

**小锦囊：**

传说圣人孔子讲学的地方种了很多杏树，称作"杏坛"。所以，今天"杏坛"也多指教书育人的地方。

# 李 〖lǐ〗: plum

笔画数：7　　　　部首：木　　　　造字法：象形

**字形演变：**

甲骨文　　金文　　篆文　　隶书　　楷书

**字形分析：**

甲骨文字形由上、下两部分构成。 是形符，表示这是一种树木； 是声符，同时表示这种树木结有果实。此后字形没有太大变化。

**本义：**

李树。

**基本字义：**

落叶灌木或小乔木，春天开白色花，果实叫李子。～子。

**常用词组：**

桃李　投桃报李

**小锦囊：**

"李"常与"桃"连用，"桃李"不是指有两种水果，而是指教师培养的后辈或所教的学生。人们用"桃李满天下"来比喻所栽培的后辈或所教的学生极多，遍及各地。

# 练习题

**1.书写练习。**

guā　一　丆　爪　瓜　瓜

瓜

guǒ　丨　冂　冂　曰　旦　早　果　果

果

xìng　一　十　オ　木　杏　杏　杏

杏

**lǐ**　一　十　十　大　本　李　李

李

### 2.写出含有下列偏旁的汉字。

例：夫　　扶　　　肤　　　芙

瓜　＿＿＿　＿＿＿　＿＿＿

果　＿＿＿　＿＿＿　＿＿＿

### 3.比较下列汉字，并注上拼音。

果（　　）　　栗（　　）　　界（　　）

杏（　　）　　否（　　）　　查（　　）

李（　　）　　季（　　）　　孝（　　）

### 4.请选出下列汉字中共有的部件。

例：要　耍（　A　）　　A.女　　B.西　　C.而

（1）果　里（　　）　　A.田　　B.木　　C.土

（2）杏　咽（　　）　　A.大　　B.木　　C.口

（3）李　孙（　　）　　A.木　　B.子　　C.小

# 第六节　树　木

木〖mù〗：tree；wood

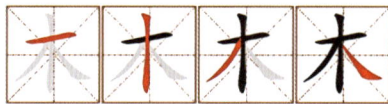

笔画数：4　　　　部首：木　　　　造字法：象形

字形演变：

甲骨文　　　金文　　　篆文　　　隶书　　　楷书

**字形分析：**

甲骨文字形像一棵没有叶子的树。上部是向上生长的树枝，下部是扎入土里的树根。隶书字形将表树枝的笔画改写为横画，象形意味减弱。

**本义：**

树木。

**基本字义：**

（1）树木。果～。乔～。

（2）木头。～材。～器。

（3）感觉不灵敏，失去知觉。麻~。

**常用词组：**

树木　木头　木料　木偶　花木　乔木

**小锦囊：**

汉字中，"木"是一个部首字。用"木"组成的汉字大都和树木有关。有作为树木名字的，如"柳""杨""槐""桐"等；有表示树木部位的，如"株""根""本""叶"等；有表示木器的，如"桌""梁""案"等。

叶〖yè〗：leaf；foliage

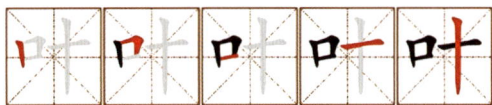

笔画数：5　　部首：口　　造字法：指事

**字形演变：**

金文　　篆文　　隶书　　楷书

**字形分析：**

金文字形是一棵树冠庞大的树，树冠的枝丫上有很多实心点，指明树杈上长满了树叶。篆文字形结构发生变化，由形符"艸"和声符"枼"构成，变为形声字。后来楷书简体字写作"叶"。

**本义：**

草木的叶子。

**基本字义：**

（1）树叶。～子。绿～。

（2）像叶子的东西。肺～。百～窗。

**常用词组：**

叶子　茶叶　落叶　粗枝大叶　落叶归根　一叶扁舟

**小锦囊：**

汉语有"一叶知秋"的成语，意思是说：看到一片树叶变黄，从树上飘落而下，就知道秋天到来了。比喻通过细微的小事，可以看到整个事件的发展趋向与结果。

## 林〖lín〗：forest

笔画数：8　　　部首：木　　　造字法：会意

**字形演变：**

甲骨文　　金文　　篆文　　隶书　　楷书

**字形分析：**

甲骨文字形是两个"木"并排，树木连着树木，表示树木多的样子。楷书沿袭了隶书的写法，字形更加方正。

**本义：**

树木或竹子丛生一处。

**基本字义：**

连成一片的许多树木或竹子。树～。竹～。

**常用词组：**

林场　山林　林区　林子　园林

**小锦囊：**

两棵树并排着，表示树木多。这种把两三个相同的字形放在一起，表示数量多的构字法，可以帮助我们推测很多汉字的字义，如"炎""品""晶""众""犇"等。

竹〖zhú〗：bamboo

笔画数：6　　部首：竹（⺮）　　造字法：象形

**字形演变：**

甲骨文　　金文　　篆文　　隶书　　楷书

**字形分析：**

甲骨文字形像两根垂下的枝条，上面还有几片叶子，很像竹的样子。隶书字形省去了枝条，突出了叶片的样子。楷书简体字的最后一笔采用了竖钩的笔画，象形意味减弱。

**本义:**

竹子。

**基本字义:**

常绿多年生植物,竹子。～子。～叶。

**常用词组:**

竹子　翠竹　竹笋　竹林　竹篮　胸有成竹

郑板桥 《竹》

**小锦囊:**

汉字中,"竹"是一个部首字。用"竹"（⺮）组成的汉字往往和竹制品或类似竹的植物有关,如"笛""竿""笔""笋"等。成语"胸有成竹"的意思是说,在画竹子之前,要做到心中有竹子的形象,用来比喻做事情之前要有成熟的思考和完整的计划。

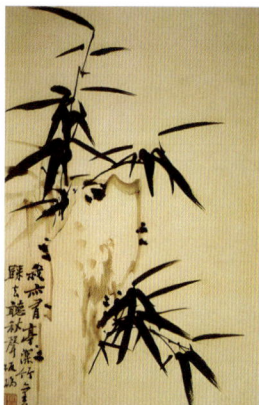

# 练习题

**1.书写练习。**

mù 一 十 才 木

木

yè 丨 丨 口 口 叶

叶

lín 一 十 才 木 术 杧 材 林

林

zhú ノ ╱ ⺮ ⺮ ⺮ 竹

| 竹 | | | | | | | | | | | | |
|---|---|---|---|---|---|---|---|---|---|---|---|---|

**2.写出含有下列偏旁的汉字。**

例: 夫    扶    肤    芙

     木 _____ _____ _____

     林 _____ _____ _____

     竹(⺮) _____ _____ _____

**3.比较下列汉字，并注上拼音。**

木( )    术( )    水( )

叶( )    汁( )    吓( )

林( )    杯( )    杖( )

**4..请用所给汉字组词。**

木( )    叶( )    林( )    竹( )

第三章　日月山川

# 第一节　日　月

日〖rì〗: sun

笔画数：4　　　部首：日　　　造字法：象形

字形演变：

甲骨文　　金文　　篆文　　隶书　　楷书

**字形分析：**

　　甲骨文字形外部像太阳的边缘，中间的短横象征太阳的光芒。从篆文开始，字形都没有大的变化，只不过外形越来越方正，逐渐摆脱了象形图画。

**本义：**

太阳。

**基本字义：**

（1）太阳。红~。

甲骨文拓片

（2）天，一昼夜。今～。～程。多～不见。

（3）特指某一天。假～。生～。国庆～。

**常用词组：**

落日　昨日　近日　日常　日间　日月星辰

**小锦囊：**

汉字中，"日"是一个部首字。用"日"组成的汉字，一部分与"时间"有关，如"旦""早""昏""春""昨""时"等；另一部分与"光"有关，如"明""晕""照""晃"等。

月　〖yuè〗：moon

笔画数：4　　　　部首：月　　　　造字法：象形

**字形演变：**

甲骨文　　　金文　　　篆文　　　隶书　　　楷书

**字形分析：**

甲骨文字形外部像月亮的边缘，里面的竖线象征月亮的阴影。从篆文开始，字形都没有大的变化，只不过外形越来越方正，逐渐摆脱了象形图画。

**本义：**

月亮。

**基本字义：**

（1）月亮，月球。～光。

（2）时间单位。一～。～份。

（3）按月出现的，每月的。～刊。～薪。

**常用词组：**

月亮　月牙　月初　岁月　月饼

**小锦囊：**

汉字中，"月"是一个部首字。用"月"组成的汉字大都与月有关，如"望""朔""晦""朗"等。另一部分字和"肉"相关，如"腿""肩""脖"等。

甲骨文拓片

星〖xīng〗：star

笔画数：9　　　部首：日　　　造字法：形声

**字形演变：**

| 甲骨文 | 金文 | 篆文 | 隶书 | 楷书 |

**字形分析：**

甲骨文字形由两部分构成。⌂ ⌂是形符，指星星；𐅃是声符，是"生"字。金文字形在表星星的圆里加了一笔短横，表示星光，形符变为"晶"，仍表示星星。隶书为了书写方便，将形符省略写成"日"。

**本义：**

星星。

**基本字义：**

（1）星星。~球。恒~。
（2）细碎的小颗粒东西。火~儿。
（3）像星一样排列，分散。~~点点。
（4）比喻某一方面新出现的杰出人物。影~。歌~。

**常用词组：**

星空　星光　星座　明星　披星戴月

**小锦囊：**

在中国古代，人们习惯通过对星星的观察，来判断天气好坏、凶吉祸福和农耕时间等。为了方便观测天象及日、月、五星的运行，古人选取二十八个星宿作为观测时的标志，称为"二十八宿"。

光 〖guāng〗：light

笔画数：6　　　部首：⺌　　　造字法：会意

**字形演变:**

甲骨文　　金文　　篆文　　隶书　　楷书

**字形分析:**

甲骨文字形由 🔥 和 👤 两部分构成,像一个人头顶着火炬,所到之处一片明亮。篆文字形的上部将描画实物的 🔥 改写为"火",隶书字形的下部又将 👤 改写为"儿",书写简洁多了。

**本义:**

光芒、明亮。

**基本字义:**

(1)太阳、火、电等放出使人感到明亮,能看见物体的那种东西。阳~。火~。

(2)敬辞,表示光荣,用于对方来临。~临。~顾。

(3)光滑。~滑。~洁。

(4)完了,一点儿都不剩。吃~。用~。

**常用词组:**

光明　日光　光线　眼光　光彩　欢迎光临

**小锦囊:**

中国西汉时期,有个读书人叫匡衡,他为了能在夜晚继续读书,就在墙壁上挖了一个小孔,借邻居家的烛光读书。后来人们就用"凿(záo)壁偷光"来形容在艰苦环境中刻苦读书的情景。

# 练习题

**1.书写练习。**

rì 丨 冂 月 日
日

yuè 丿 冂 月 月
月

xīng 丶 冂 日 日 尸 旦 旱 早 星
星

guāng 丶 丷 丷 丷 业 业 光
光

**2.写出含有下列偏旁的汉字。**

例：夫 __扶__ __肤__ __芙__

日 ___ ___ ___

月 ___ ___ ___

火 ___ ___ ___

**3.比较下列汉字，并注上拼音。**

月（ ） 用（ ） 同（ ）

星（ ） 昆（ ） 昱（ ）

火（ ） 丫（ ） 水（ ）

光（　　） 　　先（　　） 　　兴（　　）

**4.请用所给汉字组词。**

日（　　） 　　月（　　） 　　星（　　） 　　光（　　）

# 第二节　云　雨

气〚qì〛：gas

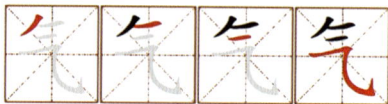

笔画数：4　　　　部首：气　　　　造字法：象形

字形演变：

甲骨文　　　金文　　　篆文　　　隶书　　　楷书

**字形分析：**

甲骨文字形像云气层层叠叠的样子。篆文字形笔画书写曲折，隶书字形有所改变后字形更美观了。

**本义：**

云气。

**基本字义：**

（1）气体。空~。

（2）呼吸时进出的气。~息。

（3）鼻子闻到的味。～味。臭～。

（4）怒，或使人发怒。生～。～人。

**常用词组：**

气体　气候　脾气　运气　和气　气温　骨气　福气　一鼓作气

**小锦囊：**

汉字中，"气"是一个部首字。用"气"组成的汉字大都与气体有关，如"氖""氧""氢"等。

云 〖yún〗：cloud

笔画数：4　　　　部首：一　　　　造字法：象形

**字形演变：**

甲骨文　　金文　　篆文　　隶书　　楷书

**字形分析：**

甲骨文字形由上、下两部分构成，二表示天上的云层，ㄥ表示舒卷的云团。金文构形也和天上的云气十分相像。篆文又在字形的上部添了"雨"字。从隶书开始，又恢复了先前的写法。

**本义：**

云朵。

**基本字义：**

（1）水汽上升遇冷凝聚成微小的水珠，成团地在空中飘浮。白~。

（2）指中国云南省。~腿（云南省出产的火腿）。

汉代云纹瓦当

**常用词组：**

云海　云朵　乌云　云梯

**小锦囊：**

"云"字在使用的过程中，被借用来表达"说"这个含义，如"孔子云：'仁者乐山，智者乐水。'"后来，为了区别字义，表"云朵"的"云"造了新字，繁体中添加了"雨"字头进行区分。简体字实际上是恢复了它本来的写法。

雨〖yǔ〗：rain

笔画数：8　　　部首：雨　　　造字法：象形字

**字形演变：**

甲骨文　　金文　　篆文　　隶书　　楷书

**字形分析：**

甲骨文字形由两部分构成，冖表示天空，ㄇ表示从天上坠落的雨点。篆文在字形上方添加了一笔横画，隶书和楷书都沿用了这种写法。

**本义：**

雨滴。

**基本字义：**

雨，从云层中降向地面的水。～水。

**常用词组：**

下雨　风雨　雨伞　雷雨　阵雨　风雨交加

**小锦囊：**

汉字中，"雨"是一个部首字。用"雨"组成的汉字大都与气象或天上降落的东西有关，如"雹""霏""霖""霓"等。

雷〖léi〗：thunder

雷 雷 雷 雷 雷 雷 雷 雷 雷

雷 雷 雷 雷

笔画数：13　　　部首：雨　　　造字法：象形字

**字形演变：**

**字形分析：**

甲骨文字形由两部分构成，像雷雨天气常见的闪电，表示雷的响声。篆文将字形改为上下结构，上面是“雨”，下面是三个车轮。楷书简体字只保留了一个车轮，并规范写作“田”字。

**本义：**

雷声。

**基本字义：**

（1）空中闪电发出的巨大声音。~电。电闪~鸣。

（2）军事用的爆炸武器。地~。~管。

**常用词组：**

雷雨　地雷　鱼雷　雷厉风行

**小锦囊：**

“雷”的金文字形刻画了车轮的形状，就是要强调雷的声响像车轮滚滚而发出的轰鸣声。从篆文开始，又在文字的上方添加“雨”字，表示雷多在雨天出现。

# 电【diàn】：electricity

笔画数：5 部首：丨 造字法：象形

字形演变：

甲骨文　　金文　　篆文　　隶书　　楷书

## 字形分析：

甲骨文字形像闪电的样子。金文在字形上部添加了"雨"字头，表示闪电会在下雨天出现。楷书简化后写作"电"。

## 本义：

闪电。

## 基本字义：

（1）阴雨天，空中云层放电时发出的光。闪～。雷～。
（2）重要的能源，可以变成热能、光能等。～器。

## 常用词组：

电线　电力　水电　闪电　电视机

## 小锦囊：

"电"本来指大自然的闪电现象，因为闪电速度快、有光亮，所以后来人们在形容男女一见钟情时，也用"放电"这个词。现代生活中，很多电器要经常充电才能继续工作，如手机、笔记本电脑，所以人们也用"充电"表示人们不断地学习知识、增加才能等。

# 虹〖hóng〗：rainbow

笔画数：9　　　　部首：虫　　　　造字法：象形

**字形演变：**

甲骨文　　　篆文　　　隶书　　　楷书

**字形分析：**

甲骨文字形像雨后彩虹之形，古人认为虹是一种喜欢吸水、像蛇一样的怪物，所以在字形的两端各画了张开的巨口。篆文在字形的左边添加了"虫"字，变成了左形（虫）右声（工）的形声字。隶书、楷书字形和篆文构形一致。

**本义：**

彩虹。

**基本字义：**

雨后天空中出现的彩弧，有红、橙、黄、绿、蓝、靛、紫七种颜色。彩～。

**常用词组：**

虹桥　霓（ní）虹灯　气贯长虹

**小锦囊：**

中国古代的一种木拱桥，外形很像彩虹，所以也叫它"虹桥"。成语有"长虹卧波"，意思是说桥像长长的彩虹一样横卧在水面上。

# 练习题

**1.书写练习。**

qì　ノ　ト　ヒ　气

气

yún　一　二　云　云

云

yǔ　一　一　一　币　币　雨　雨

雨

léi　一　一　一　币　币　雨　雨　雨　雫　雫　雷　雷

雷

diàn　丨　冂　日　日　电

电

hóng　丨　冂　口　中　虫　虫　虫　虹　虹

虹

**2.写出含有下列偏旁的汉字。**

例:夫　　扶　　肤　　芙

气　____　____　____

云　____　____　____

雨 　_____　_____　_____

## 3.比较下列汉字，并注上拼音。

气（　　）　　乞（　　）　　艺（　　）

云（　　）　　去（　　）　　元（　　）

雨（　　）　　两（　　）　　面（　　）

雷（　　）　　需（　　）　　雪（　　）

## 4.请选出下列汉字中共有的部件。

例：要　耍（　A　）　　A.女　　B.西　　C.而

（1）雨　两（　　）　　A.人　　B.刂　　C.一

（2）雷　霜（　　）　　A.田　　B.木　　C.雨

（3）虹　江（　　）　　A.工　　B.虫　　C.氵

# 第三节　山　岳

山〖shān〗：hill；mountain

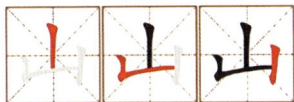

笔画数：3　　　　部首：山　　　　造字法：象形

字形演变：

甲骨文　　金文　　篆文　　隶书　　楷书

**字形分析：**

甲骨文字形像三座山峰相连的样子。隶书字形沿袭了篆文的写法，山峰的样子依稀可见。楷书体现了汉字向符号化的演变，字形更简洁了。

**本义：**

山。

**基本字义：**

地面上由土、石形成的高耸的部分：～川。～路。

山

**常用词组：**

山峰　山河　江山　山村　山脚　山坡　山区

**小锦囊：**

汉字中，"山"是一个部首字。用"山"组成的汉字大都与山有关，如"峰""峻""巍""岩""岗"等。

石 〖shí〗：stone；rock

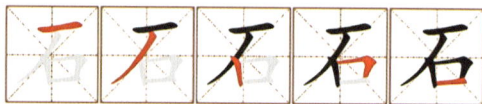

笔画数：5　　　　部首：石　　　　造字法：象形

**字形演变：**

甲骨文　　　金文　　　篆文　　　隶书　　　楷书

**字形分析：**

甲骨文字形像陡峭（dǒuqiào）的山崖（yá）。金文字形像是在山崖下放了巨大的石块。篆文承袭金文，将ϑ改为口。隶书、楷书沿用了这种写法。

**本义：**

石头。

黄山飞来石

**基本字义：**

自然形成的一种很硬的物质。~头。~狮子。

**常用词组：**

石头　石子　石桥　宝石　石油　泥石流

**小锦囊：**

汉字中，"石"是一个部首字。用"石"组成的汉字大都与石头有关，如"磨""确""研""矿""砸"等。

谷 〖 gǔ 〗：vale

笔画数：7　　　　部首：谷　　　　造字法：象形

**字形演变：**

甲骨文　　金文　　篆文　　隶书　　楷书

**字形分析：**

甲骨文字形由两部分构成，八表示水流，𠙵表示山口，说明这里是水流的出口处。此后字形一直变化不大。

**本义：**

山谷。

**基本字义：**

（1）两山之间窄长有出口的地方或流水道。山～。河～。

（2）庄稼和粮食的总称。五～。百～。

**常用词组：**

峡谷　谷底　谷子　谷物　虚怀若谷

**小锦囊：**

汉字中，"谷"是一个部首字。用"谷"组成的汉字大都与山谷有关，如"峪""豁"等。大家熟悉的稻谷的"谷"，它的繁体字写作"穀"，是两个不同的字，现在都写作"谷"。

州 〖zhōu〗：an administrative division in Chinese ancient times

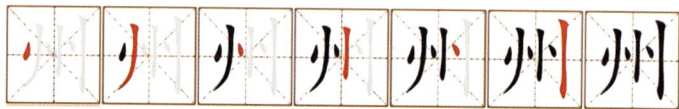

笔画数：6　　　部首：丶　　　造字法：象形

**字形演变：**

甲骨文　　　金文　　　篆文　　　隶书　　　楷书

**字形分析：**

甲骨文字形中，弯弯的曲线 ⟨ 像河水，水流中间的小圆圈像水中陆地被水流环绕。篆文在每条水流中都画出一个小圆圈。楷书为了方便书写，把圆圈写作三个点画。

**本义：**

水中的陆地。

**基本字义：**

行政区划，后多用于地名。~县。

**常用词组：**

州长 神州 苏州 广州 兰州

**小锦囊：**

"州"在使用的过程中，字形常被借用表达"古代行政区域名"这个含义。为方便区分，于是另造了"洲"字表示"水中陆地"这个本义。

# 练习题

**1.书写练习。**

shān 丨 山 山

| 山 | | | | | | | | | | |
|---|---|---|---|---|---|---|---|---|---|---|

shí 一 丆 丆 石 石

| 石 | | | | | | | | | | |
|---|---|---|---|---|---|---|---|---|---|---|

gǔ 丿 八 分 父 谷 谷 谷

| 谷 | | | | | | | | | | |
|---|---|---|---|---|---|---|---|---|---|---|

zhōu 丶 丿 丿 州 州 州

| 州 | | | | | | | | | | |
|---|---|---|---|---|---|---|---|---|---|---|

## 2.写出含有下列偏旁的汉字。

例：夫 <u>　扶　</u> <u>　肤　</u> <u>　芙　</u>

山 _____ _____ _____

石 _____ _____ _____

谷 _____ _____ _____

## 3.比较下列汉字，并注上拼音。

山（ 　 ） 凶（ 　 ） 出（ 　 ）

石（ 　 ） 右（ 　 ） 后（ 　 ）

谷（ 　 ） 吞（ 　 ） 各（ 　 ）

州（ 　 ） 卅（ 　 ） 川（ 　 ）

## 4.请用所给汉字组词。

山（ 　 ） 石（ 　 ） 谷（ 　 ） 州（ 　 　 ）

# 第四节 河 流

## 水 〖shuǐ〗：water

笔画数：4　　　　部首：水　　　　造字法：象形

字形演变：

甲骨文　　　金文　　　篆文　　　隶书　　　楷书

**字形分析：**

甲骨文字形中间弯弯的曲线 ⟩ 表示水流，旁边的几个点儿表示浪花。从隶书开始，字形变得不同，演变成了方块字，象形意味减弱。

**本义：**

水。

**基本字义：**

（1）一种无色、无臭、透明的液体，是人生存必需的物质。～稻。～滴石穿。

（2）江河湖海的通称。～库。～利。

（3）液汁。~笔。墨~。

**常用词组：**

水壶　茶水　凉水　水果　水池　水电

**小锦囊：**

汉字中，"水"是一个部首字。用"水"（氵）组成的汉字大都与水有关，如"江""海""泉""河""流"等。

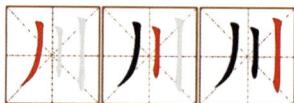

川 〖chuān〗：river

笔画数：3　　　部首：丿　　　造字法：会意

**字形演变：**

甲骨文　　　金文　　　篆文　　　隶书　　　楷书

**字形分析：**

甲骨文字形由三条 〈 构成，〈 是小水流的意思，一条条弯曲的水流汇聚在一起，形成了大江大河。金文后字形一直没有变化，楷书的笔画写得更竖直、方正。

**本义：**

河流。

**基本字义：**

（1）河流。山～。

（2）平原，平地。平～。

（3）特指中国四川省。～剧。～菜。

**常用词组：**

冰川　四川　百川纳海　川流不息

**小锦囊：**

"川"的本义是"河流"，后来也指"山间或高原间平坦而低的地带"，如"一马平川"。四川省也因此而得名。

泉〖quán〗：spring（a small stream）

笔画数：9　　　部首：白　　　造字法：象形

**字形演变：**

甲骨文　　金文　　篆文　　隶书　　楷书

**字形分析：**

甲骨文字形像山石间的一眼泉，水流缓缓从中流出来。隶书字形分为上、下两部分，上面是"白"，下面是"水"，采用了会意的造字法。

**本义：**

泉水。

**基本字义：**

从地下流出的水源。~水。清~。

**常用词组：**

泉水　喷泉　泉眼　喷泉　温泉　九泉

**小锦囊：**

很多泉水是从地下流出的，所以古人把人死后埋葬的地方称作"九泉""黄泉"。

原 〖 yuán 〗： original； primeval； primitive

笔画数：10　　　部首：厂　　　造字法：会意

**字形演变：**

金文　　篆文　　隶书　　楷书

**字形分析：**

金文字形由两部分构成，厂是山崖，泉是泉水，表示泉水是从山崖下的石缝流出的，是江河水流的发源地。篆文写为三个"泉"字，大概是想表达许多泉水汇聚在一起，才有了江河。

**本义：**

水源、源头。

**基本字义：**

（1）最初的，开始的。~本。

（2）本来。~样。~型。

（3）宽广平坦的地方。平~。

**常用词组：**

原始　原著　原因　原文　原野　高原

**小锦囊：**

"原"字最初指水流开始的地方。后来字形发生改变，表"源流"义的"原"加了"氵"，写作"源"。

# 练习题

**1.书写练习。**

shuǐ 丿 丬 扌 水

水

chuān 丿 丿丨 川

川

quán 丿 亻 白 白 白 臬 臬 泉

泉

yuán 一 厂 厂 厂 厂 厂 厉 厉 原 原 原

原

2.写出含有下列偏旁的汉字。

例：夫 ___扶___ ___肤___ ___芙___

水 _____ _____ _____

川 _____ _____ _____

3.比较下列汉字，并注上拼音。

水（ ） 才（ ） 永（ ）

川（ ） 州（ ） 爪（ ）

泉（ ） 泵（ ） 臭（ ）

4.请选出下列汉字中共有的部件。

例：要 耍（ A ） A.女 B.西 C.而

（1）泉 冰（ ） A.白 B.水 C.冰

（2）原 尖（ ） A.厂 B.白 C.小

第四章  衣食住行

# 第一节　纺　织

**丝**〖sī〗：a threadlike thing；silk；thread

| | | | | |
|---|---|---|---|---|
| 丝 | 丝 | 丝 | 丝 | 丝 |

笔画数：5　　　　部首：一　　　　造字法：会意

字形演变：

| 甲骨文 | 金文 | 篆文 | 隶书 | 楷书 |
|---|---|---|---|---|

字形分析：

甲骨文字形像两股蚕丝拧成的线。楷书简体字在隶书的基础上继续改变，象形意味减弱。

东汉纺织图画像石拓片（局部）

**本义:**

蚕丝。

**基本字义:**

（1）蚕吐出的像线的东西。蚕～。～绸。

（2）像丝的东西。铁～。肉～。

（3）表示细微，极小。一～不差。一～笑容。

**常用词组:**

丝线　丝路　丝带　粉丝　丝毫

**小锦囊:**

　　中国是世界上最早养蚕、缫（sāo）丝、织绸的国家。古代希腊人、罗马人就称中国为"塞里斯"，意思是"丝国"。当时，每年都有大量的丝绸从长安（今天的西安）出发，经过河西走廊，运往欧洲，这条贸易交通线就是有名的丝绸之路。

# 麻〖má〗：fiber crops

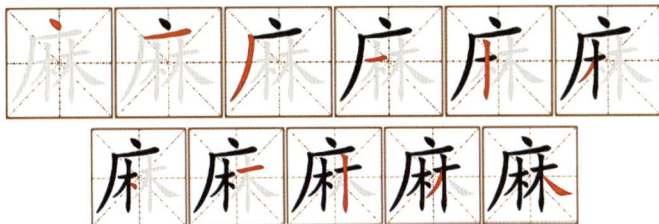

笔画数：11　　　部首：麻　　　造字法：会意

字形演变：

金文　　　篆文　　　隶书　　　楷书

字形分析：

金文字形由两部分构成。厂是山崖的意思，中，像麻的茎叶，像剥下的麻皮。

字形合在一起，意思就是剥去麻茎上的皮。篆文字形将"厂"改为"广"，有屋檐之意。

本义：

大麻。

基本字义：

（1）麻类植物的统称。～布。～衣。

（2）指芝麻。～酱。～油。

（3）像腿、臂被压后的那种不舒服的感觉。脚～了。

常用词组：

麻袋　麻烦　麻木　麻醉　心乱如麻　一团乱麻

小锦囊：

麻是中国古老的作物之一，中国麻纺织的历史比丝绸更久，最早使用的纺织品就是

麻绳和麻布。

# 纺 〖fǎng〗：spin

笔画数：7　　　　部首：纟　　　　造字法：形声

字形演变：

篆文　　　隶书　　　楷书

字形分析：

篆文字形由左、右两部分构成，纟是形符，表示丝缕；方是声符，表示读音。隶书、楷书的造字法和篆文一致。

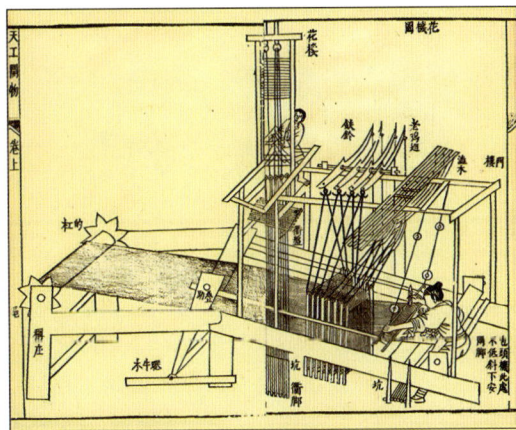

提花机

本义：

将丝麻制成纱或线。

**基本字义：**

把丝绵、麻、毛等做成纱、线。～纱。～车。

**常用词组：**

纺织　棉纺　纺线　混纺

**小锦囊：**

中国在新石器时代遗址发现了半个切割过的蚕茧，还发现了 4 700 年以前的丝织品，表明当时的人已能利用蚕丝进行纺织。

织 〖 zhī 〗: weave

笔画数：8　　　部首：纟　　　造字法：形声

**字形演变：**

籐　　織　　织

篆文　　隶书　　楷书

**字形分析：**

篆文字形由左、右两部分构成，⚎ 是形符，表示丝缕；⚌（戠）是声符，表示聚合的意思。楷书简体字简化了声符，写作"只"。

**本义：**

织布，布帛的总称。

**基本字义：**

用丝、麻、棉纱、毛线等编成布或衣物等。～布。编～。

**常用词组：**

纺织　织布机　针织　交织　男耕妇织

**小锦囊：**

《乐府诗集·木兰诗》中有一句是"唧唧复唧唧，木兰当户织"，描写的就是古代妇女纺织的情景。后来"织"又引申为收集、搜罗的意思，如"罗织罪名"。

# 练习题

**1.书写练习。**

sī　ㄥ ㄥ 丝 丝 丝

| 丝 | | | | | | | | | | | |
|---|---|---|---|---|---|---|---|---|---|---|---|

má　` 一 广 广 广 庐 庐 床 床 麻 麻

| 麻 | | | | | | | | | | | |
|---|---|---|---|---|---|---|---|---|---|---|---|

fǎng　ㄥ ㄥ ㄠ ㄠ 纟 纺 纺

| 纺 | | | | | | | | | | | |
|---|---|---|---|---|---|---|---|---|---|---|---|

zhī　ㄥ ㄥ ㄠ 纟 纟 织 织 织 织

| 织 | | | | | | | | | | | |
|---|---|---|---|---|---|---|---|---|---|---|---|

2.比较下列汉字，并注上拼音。

丝（　　　）　　　些（　　　）　　　竺（　　　）

纺（　　　）　　　彷（　　　）　　　纷（　　　）

织（　　　）　　　炽（　　　）　　　积（　　　）

3.请用所给汉字组词并造句。

丝（　　　）_____

麻（　　　）_____

纺（　　　）_____

织（　　　）_____

4.请选出下列汉字中共有的部件。

例：要 耍（ A ）　　　A.女　　　B.西　　　C.而

（1）丝 旦（　　）　　　A.纟　　　B.一　　　C.日

（2）麻 李（　　）　　　A.木　　　B.广　　　C.子

（3）纺 芳（　　）　　　A.艹　　　B.纟　　　C.方

# 第二节　服　饰

衣〖yī〗: clothing; clothes; garment

笔画数：6　　　　部首：衣　　　　造字法：象形

**字形演变：**

| 甲骨文 | 金文 | 篆文 | 隶书 | 楷书 |

**字形分析：**

甲骨文字形就像一件上衣，中间是衣领，两侧开口是宽大的袖子。金文字形更简洁一些。楷书简体字字体更方正，象形意味减弱。

**本义：**

上衣。

**基本字义：**

衣服。毛～。泳～。

汉代素纱禅衣

常用词组：

衣服　衣柜　衣架　衣裳　衣食住行

小锦囊：

汉字中，"衣"是一个部首字。用"衣"（衤）组成的汉字大都与衣服有关，如"裘""裹""衬""袖""衫"等。

裳〖cháng〗：skirt；clothing；clothes

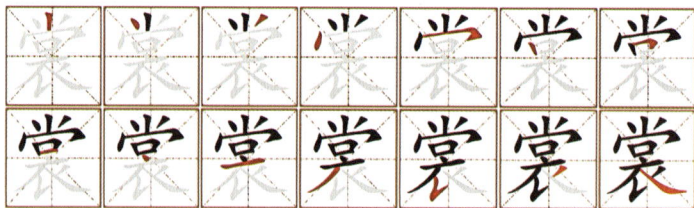

笔画数：14　　　　部首：衣　　　　造字法：形声

字形演变：

金文　　　篆文　　　隶书　　　楷书

字形分析：

金文字形是"尚"，篆文字形又在下方添加了形符"衣"，"尚"是声符，是形声字造字法。

本义：

下身的衣服，裙子。

清代貂皮行裳

**基本字义：**

衣裳。云～。

**常用词组：**

罗裳　云裳　下裳　霓裳羽衣

**小锦囊：**

古人说："上曰衣，下曰裳。"古人最早下身穿的是一种类似裙子一样的服装，就是"裳"。

裙〖qún〗: skirt

笔画数：12　　　部首：衤　　　造字法：形声

**字形演变：**

金文　　篆文　　楷书

**字形分析：**

金义字形由两部分构成，是声符，表示读音，是形符，是"衣"字。篆文字形保留了"君"字，下部改为"巾"字，表示和衣服相关。楷书的字形结构变为左右结构。

**本义：**

下裳，即裙子。

**基本字义：**

（1）裙子。长～。衣～。

（2）像裙子的东西。墙～。

**常用词组：**

裙子　裙裤　围裙　连衣裙　裙楼

**小锦囊：**

在古代，裙不仅仅是女子穿的衣服，男女老少都可以穿。《西游记》里的孙悟空就穿着一条虎皮战裙。

冠〖guān〗: hat

笔画数：9　　　　部首：冖　　　　造字法：会意

**字形演变：**

甲骨文　　　篆文　　　隶书　　　楷书

**字形分析：**

甲骨文字形由上、下两部分构成，⌒是帽子，两边下垂的是帽带；𠂇是人。篆文字形又增加了彐（寸）字，表示用手戴上帽子。从隶书开始，字形结构发生变化，看不出造字之初的意图了。

冠

**本义：**

帽子。

**基本字义：**

（1）帽子。衣~。

（2）形状像帽子或在顶上的东西。树~。鸡~。

**常用词组：**

王冠　桂冠　怒发冲冠　冠心病　树冠

**小锦囊：**

古代男子在二十岁要举行加冠礼，表示男子成年，可以娶妻了，并且从此可以作为家族的一个成年人，参加各项活动。

"冠"又读 guàn，常指比赛中的第一名，如"中国乒乓球队在这次世界比赛中获得了冠军"。

# 练习题

**1.书写练习。**

yī　丶　一　亠　亣　衣　衣

衣

cháng　丶　丷　丬　丱　屵　屵　屵　屵　堂　堂　堂　堂　裳

裳

qún ＼ ｚ ｚ ｚ ｚ 衤 衤 衤 裙 裙 裙

裙

guān ＼ ｀ ｱ ｱ 冖 冠 冠 冠 冠

冠

## 2.比较下列汉字，并注上拼音。

衣（　　　）　　交（　　　）　　夜（　　　）

裳（　　　）　　襄（　　　）　　裒（　　　）

裙（　　　）　　褚（　　　）　　郡（　　　）

冠（　　　）　　寇（　　　）　　宝（　　　）

## 3.请用所给汉字组词并造句。

衣（　　　）＿＿＿＿＿＿＿＿＿＿＿＿＿＿＿＿＿＿＿＿

裙（　　　）＿＿＿＿＿＿＿＿＿＿＿＿＿＿＿＿＿＿＿＿

冠（　　　）＿＿＿＿＿＿＿＿＿＿＿＿＿＿＿＿＿＿＿＿

## 4.请选出下列汉字中共有的部件。

例：要 耍（ A ）　　A.女　　B.西　　C.而

（1）裳 裹（　　　）　　A.口　　B.衣　　C.⺌

（2）裙 珺（　　　）　　A.衤　　B.王　　C.君

（3）冠 肘（　　　）　　A.寸　　B.月　　C.元

# 第三节　器　具

皿〖mǐn〗：utensil

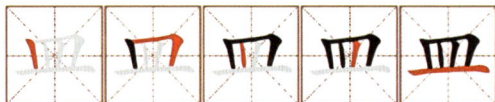

笔画数：5　　　　部首：皿　　　　造字法：象形

**字形演变：**

甲骨文　　金文　　篆文　　隶书　　楷书

**字形分析：**

甲骨文字形上部是器身、下部是器底，像一个盛食物的容器。金文字形在容器上加了提耳。隶书字形已经看不出器身饱满、大腹的样子。

**本义：**

一种容器。

**基本字义：**

碗、碟、杯、盘一类用器的统称。器～。

**常用词组：**

器皿　蒸发皿

**小锦囊：**

汉字中，"皿"是一个部首字。用"皿"组成的汉字大都与容器、餐具有关，如"盆""盘""盅""益"等。

豆〖dòu〗：bean

笔画数：7　　　部首：豆　　　造字法：象形

**字形演变：**

甲骨文　　金文　　篆文　　隶书　　楷书

**字形分析：**

甲骨文字形的上部是有花纹的器身，下部是底座。金文字形在上面添加一横，好像给容器加了盖子。

**本义：**

用于祭祀、盛装肉食、高脚有盖的容器。

**基本字义：**

（1）豆类植物。~浆。绿~。

战国错金蟠兽纹铜豆

（2）形状像豆粒的东西。土～儿。

**常用词组：**

豆子　豆角　豆腐　豆苗　豆包

**小锦囊：**

汉字中，"豆"是一个部首字。用"豆"组成的汉字，有的与放食物的用具相关，如"豊（lǐ）"；有的与豆类植物有关，如"豌""豉""豇"等。

植物中的豆类，古代称作"菽"，汉代以后才叫"豆"。

盘〖pán〗：plate；dish

笔画数：11　　　　部首：舟　　　　造字法：形声

**字形演变：**

甲骨文　　　金文　　　篆文　　　隶书　　　楷书

**字形分析：**

甲骨文字形由两部分构成。⿰ 是声符，表示读音，此外还有盘旋义，表示盘是圆的。⿰ 是形符。隶书上部是"般"，下部是"皿"，表示这个器物是用来放东西的。楷书是会意字，"舟"和"皿"都表意，即"舟在水中行"，表示盘是盛水的器皿。

**本义：**

古代一种盛水用具。

**基本字义：**

（1）盘子。瓷～。铜～。

（2）像盘的东西。棋～。磨～。

（3）回旋地绕。～旋。

西周虢季子白盘

**常用词组：**

果盘　茶盘　拼盘　盘绕　棋盘　键盘

**小锦囊：**

"盘"的字形里有"舟"字，说明盘是用来盛水的器皿。在古代，盘很大，甚至可以用来盛水沐浴。今天的盘扁而浅，是盛放菜蔬、水果的用具。

壶〖hú〗：kettle；pot

笔画数：10　　　部首：士　　　造字法：象形

**字形演变：**

甲骨文　　金文　　篆文　　隶书　　楷书

**字形分析:**

甲骨文字形是酒壶的样子,上端有尖形的壶盖,中间是圆圆的壶身,下面是壶底。金文字形还画出了提耳。楷书简体字写作"壶"。

带链盖青铜壶

**本义:**

一种用来盛放酒、茶等液体的容器。

**基本字义:**

用陶瓷或金属制成的一种有把、有嘴的器具,可以盛茶水、酒。茶～。酒～。

**常用词组:**

水壶 茶壶 喷壶 暖壶 咖啡壶

**小锦囊:**

投壶是中国古代士大夫宴饮时做的一种投掷游戏:把箭往壶里投,投中多者为赢家,输了的人按照规定的杯数喝酒。这项活动在战国时期开始流行,到了唐朝尤为盛行。

投壶

# 练习题

**1.书写练习。**

mǐn　丶 冂 冂 皿 皿

dòu　一 丆 冂 亘 豆 豆 豆

pán　ノ　ｆ　九　舟　舟　舟　舟　盘　盘

| 盘 | | | | | | | | | | |
|---|---|---|---|---|---|---|---|---|---|---|

hú　一　十　士　士　声　壶　壶　壶　壶　壶

| 壶 | | | | | | | | | | |
|---|---|---|---|---|---|---|---|---|---|---|

**2.写出含有下列偏旁的汉字。**

例：夫　__扶__　__肤__　__芙__

皿　_____　_____　_____

豆　_____　_____　_____

士　_____　_____　_____

**3.比较下列汉字，并注上拼音。**

豆（　　）　　至（　　）　　亘（　　）

皿（　　）　　血（　　）　　四（　　）

盘（　　）　　盆（　　）　　岔（　　）

**4.请选出下列汉字中共有的部件。**

例：要　耍（ A ）　　A.女　　B.西　　C.而

（1）豆　兀（　　）　　A.口　　B.一　　C.儿

（2）盘　搬（　　）　　A.皿　　B.几　　C.舟

（3）壶　虚（　　）　　A.业　　B.虍　　C.士

# 第四节　饭　食

汤 〖tāng〗：hot water；boiling water

笔画数：6　　　部首：氵　　　造字法：形声

字形演变：

金文　　篆文　　隶书　　楷书

## 字形分析：

金文、篆文的字形相似，是形符，是声符，意思是说水在太阳的炙烤下变成热水。楷书简体字字形变得简洁，易于书写。

## 本义：

热水、开水。

## 基本字义：

（1）指煮东西所得的汁液。米～。

（2）指烹调后汁儿多的副食。四菜一～。

**常用词组：**

汤水　米汤　面汤　汤面　汤包

**小锦囊：**

"汤"最初是指水在太阳的炙烤下变成热水。此外，"汤"字还指煮东西所得的汁液，如"米汤"。人们常常说的"煲（bāo）汤"，指的是烹调后汁特别多的食物，如"鸡汤"。

食 〖shí〗：eat

笔画数：9　　　部首：食　　　造字法：象形

**字形演变：**

| 甲骨文 | 金文 | 篆文 | 隶书 | 楷书 |

**字形分析：**

甲骨文字形由两部分构成。像朝下的"口"，表示低头吃东西；像一个盛有食物的器具。金文、篆文字形都沿袭甲骨文的写法，楷书字形定型为"食"。

**本义：**

饭食。

**基本字义：**

（1）吃。～用。～欲。

（2）吃的东西。～品。粮～。

**常用词组：**

食物　零食　食堂　主食　甜食　丰衣足食
衣食住行

古人用餐

**小锦囊：**

汉字中，"食"是一个部首字。用"食"（饣）组成的汉字大都与饮食或食物有关，
如"饥""饿""馆""餐"等。

# 酒 〖jiǔ〗：alcoholic drink

笔画数：10　　　部首：氵　　　造字法：会意

**字形演变：**

甲骨文　　　金文　　　篆文　　　隶书　　　楷书

**字形分析：**

甲骨文字形由两部分构成，像盛酒的尖底坛子，是小水流的意思，表示坛中盛放
着满满的液体。金文字形只保留了酒坛。篆文在字形左侧添加了"水"字。此后隶书和
楷书都没有改变这种字形结构。

**本义：**

盛装于酒樽中的酒浆。

**基本字义：**

用粮食、水果发酵制成的饮料。
白~。果~。

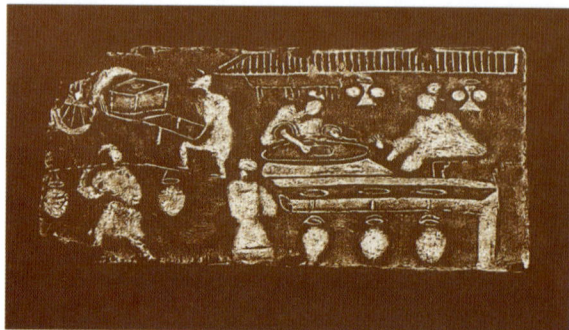

东汉酿酒画像砖拓片

**常用词组：**

酒水　喜酒　啤酒　酒店　酒吧　酒会

**小锦囊：**

中国的酒文化和茶文化源远流长，既是一种休闲文化，又是一种交际文化。故而民间有"迎客以茶，送别用酒"的说法。

饭〖fàn〗：meal

笔画数：7　　部首：饣　　造字法：形声

**字形演变：**

金文　　篆文　　隶书　　楷书

**字形分析：**

金文字形是左右结构，食是"食"字，是形符；斥是"反"字，是声符，都有"重复"的意思。大概是说吃饭要重复做咀嚼（jǔjué）、下咽的动作。楷书简化后，将"食"

写作"饣"。

**本义:**

吃饭。

**基本字义:**

(1) 食物。早~。

(2) 特指大米饭。米~。蛋炒~。

**常用词组:**

饭菜　饭店　饭盒　便饭　盒饭

**小锦囊:**

一年中最重要的一顿饭就是"年夜饭",又称"团圆饭"。除夕(春节前一天)这天,在外工作的人都会回老家和家人团圆,在年尾一起吃一顿最重要的晚餐。

宴 〖yàn〗: entertain at a banquet; entertain guests at a banquet; give a banquet

笔画数:10　　部首:宀　　造字法:会意

字形演变:

金文　　篆文　　隶书　　楷书

**字形分析：**

金文字形由两部分构成，⌂像房子，♀是"晏"字，表示女子们在天气好的日子相聚闲聊，表示安定的意思。楷书简化了隶书中"晏"的写法。

**本义：**

安闲、安乐。

**基本字义：**

（1）用美食、娱乐招待客人。~会。
（2）酒席。设~。国~。

**常用词组：**

宴席　宴请　婚宴　晚宴

唐代宴饮图

**小锦囊：**

主人请客人或大家一起吃的酒饭就是"宴"，宴有很多种类，可分为国宴、喜宴、寿宴、家宴等。

# 练习题

## 1.书写练习。

tāng　丶丶冫氵沪汤汤

汤

shí　丿人人今今食食食食

食

jiǔ 、 丶 氵 汀 汀 沔 沔 洒 酒

酒

fàn 丿 𠂉 饣 饣 饣 饭 饭

饭

yàn 丶 丷 宀 宀 宁 宇 宴 宴 宴

宴

**2.比较下列汉字，并注上拼音。**

汤（　　） 河（　　） 沟（　　）

饭（　　） 饮（　　） 板（　　）

食（　　） 良（　　） 粮（　　）

**3.请用所给汉字组词并造句。**

汤（　　）_____

饭（　　）_____

食（　　）_____

宴（　　）_____

**4.请选出下列汉字中共有的部件。**

例：要 耍（ A ）　　A.女　　B.西　　C.而

（1）汤 渴（　　）　　A.日　　B.𠃓　　C.氵

（2）饭 劝（　　）　　A.反　　B.又　　C.力

（3）宴 但（　　）　　A.日　　B.一　　C.女

# 第五节　门　户

门〖mén〗：door

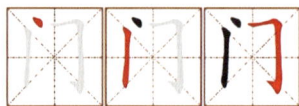

笔画数：3　　　　部首：门　　　　造字法：象形

字形演变：

甲骨文　　　金文　　　篆文　　　隶书　　　楷书

**字形分析：**

甲骨文和金文字形都像两扇门的样子。楷书简体字写作"门"。

**本义：**

门，双扇门。

**基本字义：**

（1）建筑物的出入口。～口。开～见山。

（2）事物的分类。分～别类。

门

**常用词组：**

大门　门口　门票　门牌　门卫　门类

**小锦囊：**

汉字中，"门"是一个部首字。由"门"组成的汉字往往与门有关，如"闭""闩""闯""闸""间"等。

在中国古代，门一般都是对称的双扇。由于门是用来进出的，由此产生了"途径、通道"的含义，如"门道""门路"等。

户〖hù〗：door

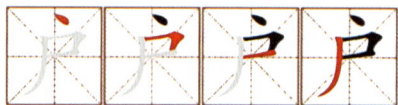

笔画数：4　　　　部首：户　　　　造字法：象形

**字形演变：**

甲骨文　　金文　　篆文　　隶书　　楷书

**字形分析：**

甲骨文字形像一扇门的样子，发展到篆文，字形就看不出象形的意味了。

**本义：**

一扇门。

汉
字

**基本字义：**

（1）门。门～。窗～。

（2）人家。～口。～主。

**常用词组：**

户籍　户外　猎户　千家万户　足不出户

**小锦囊：**

汉字中，"户"是一个部首字。用"户"组成的汉字往往与"门户"有关，如"启""扁""扇"等。

家〖jiā〗：family；household

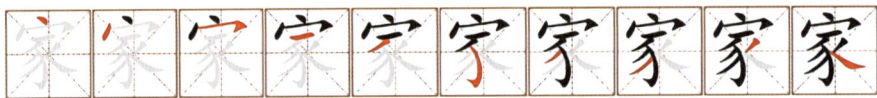

家 家 家 家 家 家 家 家 家 家

笔画数：10　　　部首：宀　　　造字法：会意

**字形演变：**

甲骨文　　金文　　篆文　　隶书　　楷书

**字形分析：**

甲骨文、金文字形就像是房子里养着一头猪。有了房子，养了牲畜，才有家的样子。

**本义：**

住所、屋内。

**基本字义：**

（1）家庭，人家。~里。~园。

（2）家庭所在的地方。回~。老~。

（3）家里养的，不是野生的。~畜。~禽。

（4）掌握某种专门学识或有丰富实践经验及从事某种专门活动的人。专~。行（háng）~。

**常用词组：**

家庭　家风　家长　家人　家常菜　家畜　作家　科学家

**小锦囊：**

汉字"家"中的部件"宀"是一个部首字。用"宀"组成的汉字大都与房子、建筑有关，如"宅""宇""宫""室"等。

## 窗〖chuāng〗：window

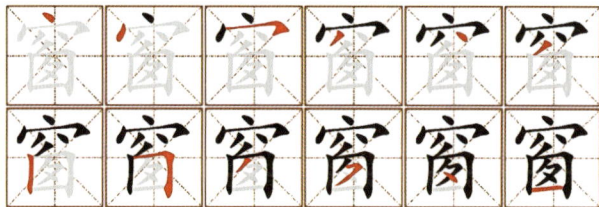

笔画数：12　　部首：穴　　造字法：象形

**字形演变：**

篆文　楷书

**字形分析：**

篆文字形像带有雕花的木格窗户。楷书字形添加"穴"字头，指窗用于房屋、建筑。

窗

**本义：**

天窗。

**基本字义：**

窗户。～子。～口。

**常用词组：**

窗户　天窗　木窗　窗帘　纱窗

**小锦囊：**

在中国北方，每年春节家家户户都有贴窗花的习俗。窗花是贴在窗户玻璃上的剪纸，是中国汉族传统民间艺术之一。不同花样的窗花寄托着人们对美好生活的愿望。

窗花

# 练习题

**1. 书写练习。**

mén　丶　冂　门

| 门 | | | | | | | | | | | |
|---|---|---|---|---|---|---|---|---|---|---|---|

hù　丶　⼽　⼽　户

| 户 | | | | | | | | | | | |
|---|---|---|---|---|---|---|---|---|---|---|---|

jiā 丶 丶 宀 宀 宁 宁 字 宲 家 家

家

chuāng 丶 丶 宀 宀 宀 宀 窃 窃 窗 窗 窗

窗

## 2.写出含有下列偏旁的汉字。

例：夫 <u>扶</u> <u>肤</u> <u>芙</u>

门 _____ _____ _____

户 _____ _____ _____

宀 _____ _____ _____

## 3.比较下列汉字，并注上拼音。

门（ ） 闩（ ） 闫（ ）

户（ ） 产（ ） 卢（ ）

家（ ） 象（ ） 冢（ ）

窗（ ） 窝（ ） 窖（ ）

## 4.请用所给汉字组词并造句。

门（ ） _____

户（ ） _____

家（ ） _____

窗（ ） _____

# 第六节　家　具

几〖 jī 〗: a small table

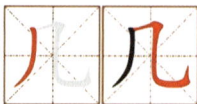

笔画数：2　　　部首：几　　　造字法：象形

字形演变：

甲骨文　　篆文　　楷书

**字形分析：**

甲骨文字形像人们坐在地上时倚靠的用具。⼏ 表示这件东西只有两条腿，⼂ 是几上的装饰。篆文字形显得很朴素，接近实物。楷书字形的第二笔采用了曲笔，书写起来更美观。

**本义：**

古代的一种矮小的可倚靠的桌子。

**基本字义：**

（1）小或矮的桌子。茶～。

战国朱绘凭几

（2）将近，差一点。～乎。

**常用词组：**

茶几　窗明几净　几乎

**小锦囊：**

汉字中，"几"是一个部首字。用"几"组成的汉字一部分与"几案"有关，如"凭"。

椅【yǐ】：chair

笔画数：12　　　部首：木　　　造字法：形声

**字形演变：**

椅　椅

篆文　　　楷书

**字形分析：**

　篆义、楷书字形都是"木"作形符，"奇"作声符。形符是"木"，表示这个字与树木有关。

**本义：**

椅树。

**基本字义：**

有靠背的坐具。~ 子。

**常用词组：**

椅子　桌椅　木椅　椅背

**小锦囊：**

在很早以前，古人都坐在地上。后来有了凳子，凳子最初是在踩踏上马、上轿时使用的。再后来在凳子上加一个靠背，就变成了椅子。

官帽椅

桌 〖 zhuō 〗：table；desk

笔画数：10　　　部首：卜　　　造字法：形声

**字形演变：**

金文　　篆文　　楷书

**字形分析：**

金文字形像一棵树，字义和树木有关。楷书字形变为形声字，采用"木"作形符，"卓"作声符。

**本义：**

桌子。

194

**基本字义：**

（1）桌子。饭~。方~。

（2）量词。三~客人。

**常用词组：**

桌子　桌椅　木桌　课桌　书桌　桌面

**小锦囊：**

"桌"在造字之初，字义里有"高而直"的含义，表示桌子有高而直的桌腿支撑。

红木长方桌

# 席 〖xí〗：mat

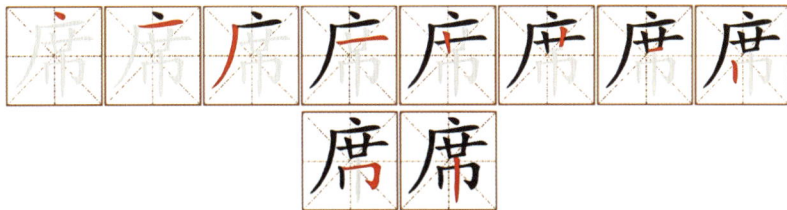

笔画数：10　　　部首：广　　　造字法：象形

**字形演变：**

甲骨文　　篆文　　隶书　　楷书

**字形分析：**

甲骨文字形像一张编织有细密花纹的席子。篆文后字形发生改变，"巾"是形符，意思是指坐垫像"巾"一样是方形的。声符是"庶"省去"灬"，变为形声字。

**本义：**

席子。

**基本字义：**

（1）席子。凉～。～地而坐。

（2）座位。～位。～次。

（3）酒筵，成桌的饭菜。筵～。宴～。

**常用词组：**

席子　竹席　酒席　缺席

战国彩漆竹席

**小锦囊：**

古时候，管宁和华歆（xīn）是同学，他们常坐在一张席子上读书，后来管宁认为华歆不能专心读书，就把席子割开分坐。现在人们把感情破裂、断绝往来称为"割席绝交"。

床 〖chuáng〗：bed

笔画数：7　　　部首：广　　　造字法：象形

**字形演变：**

甲骨文　　金文　　篆文　　楷书

**字形分析：**

甲骨文字形中，🛏像一张竖起的床，金文字形增加了偏旁 ✦（木），表明了材质。楷书改变了字形结构，变为形声字。

**本义：**

坐卧的用具。

**基本字义：**

（1）供人睡卧的家具。～铺。木～。
（2）像床的东西。机～。河～。
（3）量词，用于被褥等。两～被。

**常用词组：**

床单　床垫　起床　病床　床头柜

**小锦囊：**

李白有两句大家特别熟悉的诗："床前明月光，疑是地上霜。"诗中的"床"指的是古时水井上的围栏。

# 练习题

**1.书写练习。**

jǐ　丿 几

几

yǐ　一 十 才 才 术 杧 杙 梼 梼 椅 椅 椅

椅

zhuō　丶　丶　丶　上　卢　点　卓　卓　桌

桌

xí　丶　广　广　广　庐　庐　庐　席　席

席

chuáng　丶　广　广　庐　床　床

床

## 2.比较下列汉字，并注上拼音。

几（　　　）　　儿（　　　）　　凡（　　　）

椅（　　　）　　倚（　　　）　　琦（　　　）

桌（　　　）　　卓（　　　）　　呆（　　　）

床（　　　）　　麻（　　　）　　庆（　　　）

## 3.请用所给汉字组词并造句。

几（　　　）_____

椅（　　　）_____

桌（　　　）_____

席（　　　）_____

## 4.请选出下列汉字中共有的部件。

例：要 耍（ A ）　　A.女　　B.西　　C.而

（1）椅 河（　　）　　A.木　　B.大　　C.可

（2）桌 卓（　　）　　A.日　　B.木　　C.十

（3）床 底（　　）　　A.广　　B.木　　C.氏

# 第七节　行　动

坐〖zuò〗：sit

笔画数：7　　　部首：土　　　造字法：会意

字形演变：

甲骨文　　　篆文　　　隶书　　　楷书

**字形分析：**

甲骨文字形像一个人跪坐在席子上。篆文字形下部是"土"，表示土堆是可以休息的地方。楷书字形像两个人坐在土堆上。

**本义：**

古人席地而坐。

**基本字义：**

（1）臀部放在椅子或凳子上，支撑身体重量。请 ~ 。

（2）乘，搭。~ 车。~ 船。

**常用词组：**

坐垫　坐落　乘坐　坐井观天　坐立不安

**小锦囊：**

"坐车"一词中的"坐"是动词，"座位"一词中的"座"是名词。"座"还可以作量词，常用在较大或固定的物体前，如"一座山""一座桥"。

# 止 〖zhǐ〗: stop

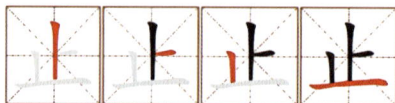

笔画数：4　　　部首：止　　　造字法：象形

**字形演变：**

甲骨文　　　金文　　　篆文　　　隶书　　　楷书

**字形分析：**

甲骨文字形像人的足迹。篆文、隶书和金文字形相似。楷书字形的笔画变得平直，看不出是象形文字。

**本义：**

脚。

**基本字义：**

（1）停住不动。~步。停~。

（2）阻拦，使停住。~痛。禁 ~。

（3）到某一个期限会停止。截 ~。

**常用词组：**

起止　防止　废止　终止　静止　阻止

**小锦囊：**

汉字中，"止"是一个部首字。用"止"组成的汉字大都与脚及脚的行为有关，如
"步""此""武""涉"等。

步 〖 bù 〗：walk；go on foot

笔画数：7　　　　部首：止　　　　造字法：会意

**字形演变：**

甲骨文　　金文　　篆文　　隶书　　楷书

**字形分析：**

甲骨文字形表示两只脚一前一后走路。小篆字形是上下结构，"止"字一正一反，使
字形更紧凑。

**本义：**

行走。

**基本字义：**

（1）用脚走路。～行。～兵。

（2）踏着别人的足迹走，追随。～其后尘。

**常用词组：**

脚步　步伐　进步　让步　退步　寸步难行

**小锦囊：**

楷书"步"字的下部"少"是由小篆反写的"止"字演变而来的，并不是"少"，和"多少"的含义没有关系。

走 〖zǒu〗：walk；go

笔画数：7　　　　部首：走　　　　造字法：象形

**字形演变：**

甲骨文　　　　金文　　　　篆文　　　　隶书　　　　楷书

**字形分析：**

甲骨文字形像一个人摆动双臂、不停奔跑的样子。在金文字形的下半部添加了 （止），强调是用双脚迈开大步前行。楷书改变了字形，很难看出原先造字的意图了。

**本义：**

奔跑。

**基本字义：**

（1）行走。～路。

（2）离去。～开。刚～。

（3）移动。钟表不～了。

（4）往来。～亲戚。

**常用词组：**

走廊　走访　走调　走运　走后门　东奔西走

**小锦囊：**

汉字中，"走"是一个部首字。用"走"组成的汉字大多与人的行动有关，如"超""起""赴""趋"等。

"走"在古代指跑，词义引申后，才有了现代汉语中"慢步行走"的含义。

骑〖 qí 〗: ride（an animal or bicycle，etc.）

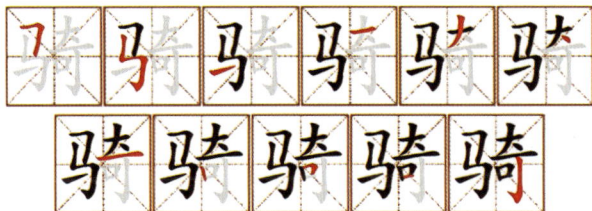

笔画数：11　　　部首：马　　　造字法：会意

**字形演变：**

甲骨文　　金文　　篆文　　隶书　　楷书

**字形分析：**

甲骨文字形像一人跨骑在马上。金文采用了形声造字法，"马"是形符，"奇"是声符。楷书简体字写作"骑"。

**本义：**

跨马。

**基本字义：**

跨坐在牲畜或其他东西上。～马。～兵。

汉代骑马陶俑

**常用词组：**

骑车　骑行　骑手　骑虎难下

**小锦囊：**

"骑"是形声字，"奇"作声符的字有很多，如"绮""寄""椅""漪""畸""倚"等。

# 练习题

### 1.书写练习。

zuò ノ 人 火 仦 从 坐 坐

| 坐 | | | | | | | | | | | |
|---|---|---|---|---|---|---|---|---|---|---|---|

zhǐ 丨 卜 止 止

| 止 | | | | | | | | | | | |
|---|---|---|---|---|---|---|---|---|---|---|---|

bù ノ 丨 ヤ 止 卟 歩 步

步

zǒu 一 十 土 丰 丰 走 走

走

qí フ 马 马 马 马 马 骑 骑 骑 骑

骑

**2.比较下列汉字，并注上拼音。**

止（　　）　　上（　　）　　正（　　）

步（　　）　　齿（　　）　　岁（　　）

走（　　）　　表（　　）　　赤（　　）

骑（　　）　　骆（　　）　　绮（　　）

**3.请用所给汉字组词并造句。**

止（　　）_____

步（　　）_____

走（　　）_____

骑（　　）_____

**4.请选出下列汉字中共有的部件。**

例：要 耍（ A ）　　A.女　　B.西　　C.而

（1）坐 尘（　　）　　A.人　　B.土　　C.小

（2）步 齿（　　）　　A.止　　B.人　　C.口

（3）骑 歌（　　）　　A.大　　B.欠　　C.口

# 第八节 交 通

车〖chē〗：vehicle

笔画数：4　　　部首：车　　　造字法：象形

字形演变：

| 甲骨文 | 金文 | 篆文 | 隶书 | 楷书 |

字形分析：

甲骨文字形像是一辆完整的大车，有车盖、车轴、车轮。金文字形把车的外形描画得更细致。篆文对字形进行了简化，楷书简体字进一步简化，象形意味消失。

本义：

车子。

基本字义：

（1）陆地上有轮子的交通工具。火～。

（2）用轮轴来转动的器具。纺～。水～。

铜马车

206

**常用词组：**

汽车　车轮　车厢　车灯　风车　摩托车

**小锦囊：**

汉字中，"车"是一个部首字。用"车"组成的汉字大都与车有关，如"轨""辅""轴""辙"等。

舟〖zhōu〗：boat

笔画数：6　　　部首：舟　　　造字法：象形

**字形演变：**

甲骨文　　金文　　篆文　　隶书　　楷书

**字形分析：**

甲骨文字形像一条弯弯的小船，楷书定型为"舟"，象形意味减弱。

**本义：**

小船。

**基本字义：**

船。龙～。轻～。

清代粉彩婴戏龙舟撇口瓶

**常用词组：**

小舟　孤舟　泛舟　一叶扁舟　同舟共济

**小锦囊：**

汉字中，"舟"是一个部首字。由"舟"组成的汉字大都与船有关，如"船""舰""舱""舵"等。

船〖chuán〗：boat；ship；vessel

笔画数：11　　　部首：舟　　　造字法：形声

**字形演变：**

甲骨文　　金文　　篆文　　隶书　　楷书

**字形分析：**

甲骨文字形像一条弯弯的小木船。后来为了和"舟"区别开来，金文在字形的右边添加了㕣作为声符，变为形声字。

**本义：**

古时的舟。

**基本字义：**

水上行驶的交通工具。～只。～舱。

**常用词组：**

轮船　船票　船员　飞船　游船　渔船

清代象牙雕龙船

**小锦囊：**

船是重要的水上交通工具，如"汽船""轮船"。现在也指形状或作用像船、在空间飞行的交通工具，如"太空船""航天飞船"。

# 练习题

**1.书写练习。**

chē 一 ナ 左 车

车

zhōu 丿 ノ 刀 月 舟 舟

舟

chuán 丿 ノ 刀 月 舟 舟 舟 舡 船 船 船

船

**2.写出含有下列偏旁的汉字。**

例：夫　　扶　　肤　　芙

车　＿＿＿＿　＿＿＿＿　＿＿＿＿

舟　＿＿＿＿　＿＿＿＿　＿＿＿＿

几 _____ _____ _____

## 3.比较下列汉字，并注上拼音。

车（　　　）　　东（　　　）　　本（　　　）

舟（　　　）　　丹（　　　）　　冉（　　　）

船（　　　）　　舰（　　　）　　般（　　　）

## 4.请用所给汉字组词并造句。

车（　　　）_____

舟（　　　）_____

船（　　　）_____

第五章　宗法军事

# 第一节　祭　祀

火 〖huǒ〗：fire

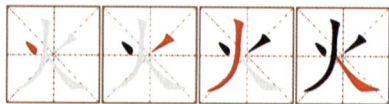

笔画数：4　　　　部首：火　　　　造字法：象形

字形演变：

甲骨文　　　篆文　　　隶书　　　楷书

**字形分析：**

甲骨文字形像一团上升的火焰。隶书、楷书字形都沿袭了篆文的写法，但象形的意味减弱了。

**本义：**

火焰。

**基本字义：**

（1）物质燃烧时所发出的光和焰。大～。烟～。

（2）发怒。发～儿。

甲骨文拓片

（3）紧急。十万～急。

（4）指枪炮弹药等。～药。～炮。

（5）形容红色的。～红。

**常用词组：**

火把　救火　怒火　火速　停火　打火机

**小锦囊：**

汉字中，"火"是一个部首字。用"火"组成的汉字大都与火种有关，在简体字中多写成"灬"，如"炭""烧""热""煮""燃""焦"等。

示〖shì〗：show；notify；instruct

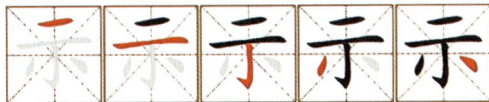

笔画数：5　　　部首：示　　　造字法：象形

**字形演变：**

甲骨文　　　篆文　　　隶书　　　楷书

**字形分析：**

甲骨文字形像立在高台上的一根石柱或一块木牌。篆文字形发生演变，上部的二是指事字"上"，表示上方有"天"；下部的川，有学者认为代表"日、月、星"，表达观测天象、占卜之意。

**本义：**

与祭祀礼仪有关的活动。

**基本字义：**

把事物拿出来或指出来使别人知道。～范。～意。

**常用词组：**

示范 提示 指示 请示 表示 展示

半坡遗址石柱

**小锦囊：**

古人在祭祀中，往往用石柱或木牌充当祭祀对象。"示"的字形描绘的应该是祭祀中的实物。

汉字中，"示"是一个部首字。用"示"（礻）组成的汉字大都与祭祀、崇拜、祝词有关，如"礼""祭""宗""禁"等。

礼【lǐ】：courtesy；manners

笔画数：5　　　部首：礻　　　造字法：会意

字形演变：

甲骨文　　金文　　篆文　　隶书　　楷书

**字形分析：**

甲骨文字形由两部分组成，🥛是"豆"，是盛东西的器皿，也是祭祀中重要的祭器；

🌿表示玉串，古代有用玉祭祀的习俗，字形表达了敬献神灵、祭神祈福的含义。篆文字形又添加了"示"作形旁，明确了祭祀的含义。楷书简体字将字形写作"礼"。

**本义：**

举行仪式，敬神祈福。

**基本字义：**

（1）仪节。婚～。典～。
（2）表示尊敬的态度和动作。～让。～赞。

**常用词组：**

礼仪　礼节　礼貌　礼堂　礼物　婚礼　送礼　礼尚往来

**小锦囊：**

甲骨文的字形是"豊"，指古时候把盛放有精美贵重玉串的礼器敬献神灵，祭神祈福。后来为了区分这个字和字形相似的"豐（丰）"，篆文字形就添加了"示"（礻）作形旁，明确了字义中"祭祀"的含义。

福 〖 fú 〗：good fortune；blessing；happiness

笔画数：13　　　部首：礻　　　造字法：会意

**字形演变：**

福

甲骨文　　金文　　篆文　　隶书　　楷书

**字形分析：**

甲骨文字形由两部分组成，畐是"酉"字，是古代一种长脖子的酒坛；丌是祭祀。"福"的意思是把美酒奉献给神明，祈求神明保佑生活美满富足。此后的字形一直变化不大。

**本义：**

福气，福运。

**基本字义：**

生活美好，称心。有～。～气。

**常用词组：**

福气　口福　享福　祝福　发福

"福"字剪纸

**小锦囊：**

每年春节，中国人都会在屋里屋外贴上红色的"福"字，祈求新的一年幸福吉祥。有些人还会倒着贴"福"字，意思是"福到了"。

神〖shén〗：god；deity；divinity

笔画数：9　　部首：礻　　造字法：象形

字形演变：

金文　　　篆文　　　隶书　　　楷书

字形分析：

金文字形像雷雨天空中划过的闪电。篆文字形左边又添加了"示"，表现闪电与神灵的关系，表达了内心的无限敬畏之情。隶书将字形进行简化，方便了书写。

本义：

天神、神灵。

基本字义：

（1）宗教神话中世界的创造者。女～。太阳～。

（2）令人惊奇的。真～。

（3）人的注意力和精力。有～。

（4）不平凡的，特别高超的。～医。～速。

常用词组：

神话　神秘　神仙　出神　眼神　走神

小锦囊：

对于很多自然现象，古人都无法解释清楚其产生的原因，对其又恐惧又敬畏，并将它们视为神明。所以"神"被认为是天地万物的创造者和统治者。"鬼神信仰"在中国有着非常悠久的历史，早在2 000多年前，《楚辞》《山海经》《搜神记》等典籍中就记录了有关鬼神的传说。

# 练习题

## 1.书写练习。

huǒ 、 丷 少 火

| 火 | | | | | | | | | | | | |
|---|---|---|---|---|---|---|---|---|---|---|---|---|

shì ㄧ 二 テ 亓 示

| 示 | | | | | | | | | | | | |
|---|---|---|---|---|---|---|---|---|---|---|---|---|

lǐ 、 ㄋ 礻 礻 礼

| 礼 | | | | | | | | | | | | |
|---|---|---|---|---|---|---|---|---|---|---|---|---|

fú 、 ㄋ 礻 礻 礻 礻 祁 祁 祸 祸 福 福

| 福 | | | | | | | | | | | | |
|---|---|---|---|---|---|---|---|---|---|---|---|---|

shén 、 ㄋ 礻 礻 礻 礻 神 神 神

| 神 | | | | | | | | | | | | |
|---|---|---|---|---|---|---|---|---|---|---|---|---|

## 2.比较下列汉字，并注上拼音。

礼（　　） 札（　　） 补（　　）

福（　　） 副（　　） 幅（　　）

神（　　） 袖（　　） 种（　　）

## 3.请用所给汉字组词并造句。

示（　　）_____

礼（　　）　_____

神（　　）　_____

## 4.请选出下列汉字中共有的部件。

例：要 耍（ A ）　　　A.女　　B.西　　C.而

（1）礼 祈（　　）　　A.礻　　B.斤　　C.乚

（2）福 幅（　　）　　A.礻　　B.巾　　C.畐

（3）神 审（　　）　　A.申　　B.宀　　C.田

# 第二节　城　郭

高 〖gāo〗：tall；high

| 高 | 高 | 高 | 高 | 高 | 高 | 高 | 高 | 高 | 高 |
|---|---|---|---|---|---|---|---|---|---|

笔画数：10　　　部首：高　　　造字法：象形

**字形演变：**

甲骨文　　金文　　篆文　　隶书　　楷书

**字形分析：**

甲骨文字形像一座很高的建筑。冂是城墙，介是城墙上的塔楼，凵是城门。站在城墙上可以看清楚城外的情况。篆文字形的象形性减弱，向符号化转变。

**本义：**

距地面有很长一段距离。

**基本字义：**

（1）高度。身~。

（2）由下到上距离大的，与"低"相对。~峰。~空。

（3）引申为超常的、道德水平高。~尚。~雅。

**常用词组：**

高矮　高原　高层　高大　高档　高度

**小锦囊：**

"高"的字形像很高的建筑，由此引申出建筑距离地面远，上下距离大。后来又引申出等级在上，超越寻常，如"世外高人""高朋满座""高尚""高雅"。

京 〖jīng〗：the capital of a county

笔画数：8　　　部首：亠　　　造字法：象形

**字形演变：**

甲骨文　　金文　　篆文　　隶书　　楷书

**字形分析：**

甲骨文字形像一座建筑，上方像尖顶的房子，下方是柱子，表示房屋高大，距离地面很高。篆文后象形意味减弱，字形向符号化转变。

**本义：**

高大的建筑。

**基本字义：**

国都。～城。～都。

**常用词组：**

京城　北京　京剧　京戏

**小锦囊：**

周朝时，人们每迁徙到一个地方，为了祭拜神灵和先祖，就建一个"京"用于祭祀，因此就有了镐京、丰京这些地名。后来，"京"成了王朝所在地的标志。汉朝人把这个名称保留下来，就有了后来大家熟悉的北京、南京。

# 郭 〖 guō 〗： outer city wall

| 郭 | 亠 | 亠 | 亨 | 亨 | 亨 | 亨 | 享 | 郭 | 郭 |
|---|---|---|---|---|---|---|---|---|---|

　　笔画数：10　　　　　　部首：阝　　　　　　造字法：象形

**字形演变：**

| 甲骨文 | 金文 | 篆文 | 隶书 | 楷书 |
|---|---|---|---|---|

**字形分析：**

甲骨文字形中，▭表示城的外墙，个像城墙上的塔楼，表示这是一座布满了塔楼的城。篆文字形中，◉强调一座城应该有内外两道城墙。楷书字形变为左右结构，左边的"享"来源于隶书，右边又添加了"阝"旁。

**本义：**

城外围着城的墙。

**基本字义：**

城外围着城的墙。城 ~。

**常用词组：**

城郭

**小锦囊：**

"郭"后来也泛指城市，现在又引申为物体的外沿部位，如"耳郭"就指外耳。

都〖dū〗：capital（of a country）

笔画数：10　　部首：阝　　造字法：形声

**字形演变：**

金文　　篆文　　隶书　　楷书

**字形分析：**

金文字形由两部分组成，左边 是"者"，是声符；右边 是"邑"，是形符，意思是
都城。楷书将"邑"简写为"阝"。

**本义：**

建有宗庙的城邑。

**基本字义:**

(1)一国的最高行政机关所在的地方,京城。首~。国~。

(2)大城市。~市。城~。

**常用词组:**

古都 都市 都会 瓷都

城都

**小锦囊:**

周朝时,各国把有宗庙或先君神主的城叫"都",没有宗庙或先君神主的就叫"邑"。

# 练习题

**1.书写练习。**

gāo

`、一宀亠古广高高高高`

高

jīng

`、一宀亠古亨京京`

京

guō

`、一宀亠古亨享享郭郭`

郭

dū

`一十土耂耂者者者都都`

都

**2.比较下列汉字，并注上拼音。**

高（　　） 商（　　） 离（　　）

京（　　） 亨（　　） 哀（　　）

郭（　　） 部（　　） 郎（　　）

都（　　） 教（　　） 郡（　　）

**3.请用所给汉字组词并造句。**

高（　　）_____

京（　　）_____

郭（　　）_____

都（　　）_____

**4.请选出下列汉字中共有的部件。**

例：要 耍（ A ） A.女 B.西 C.而

（1）高 尚（　　） A.⺌ B.亠 C.冂

（2）郭 孔（　　） A.子 B.丶 C.乚

（3）都 教（　　） A.⺌ B.阝 C.攵

# 第三节　兵　器

兵 〖bīng〗：army；troops

笔画数：7　　　部首：八　　　造字法：会意

字形演变：

| 甲骨文 | 金文 | 篆文 | 隶书 | 楷书 |

**字形分析：**

甲骨文字形由两部分组成，上部是古代的一种兵器，下部表示双手紧握着兵器。金文字形上部直接写成"斤"字，隶书简化了双手的笔形。

**本义：**

武器。

**基本字义：**

（1）武器。~器。

（2）战士，军队。~士。~卒。

（3）与军事或战争有关事物的统称：~法。~家。

**常用词组：**

兵刃　士兵　兵马　阅兵　纸上谈兵

**小锦囊：**

秦始皇兵马俑

↰是古代的一种武器，后来写作"斤"。汉字中，"斤"是一个部首字。由"斤"组成的汉字大都和斧头有关，如"折""斧""析""断"等。

**戈**〖gē〗：dagger

笔画数：4　　　　部首：戈　　　　造字法：象形

**字形演变：**

甲骨文　　　金文　　　篆文　　　隶书　　　楷书

**字形分析：**

甲骨文字形就是兵器的样子，丨像武器的长杆，上方的一像武器的刃。在字形演变的过程中，象形的功能逐渐弱化，已看不出最初造字的用意。

青铜戈

**本义：**

兵器名。

**基本字义：**

古代的一种兵器，用青铜或铁制成，装有长柄。干（gān）~。

**常用词组：**

兵戈　倒戈　反戈一击

**小锦囊：**

汉字中，"戈"是一个部首字。用"戈"组成的汉字大都与兵器、战争有关，如"戎""我""武""戍""戊""戏"等。

"戈"常与另一种武器"干"连用为"干戈"，是武器的统称，指代战争。俗语有"化干戈为玉帛"，意思是说化解战争危机，和好如初。

矢〖shǐ〗：arrow

画数：5　　　部首：矢　　　造字法：象形

字形演变：

| 甲骨文 | 金文 | 篆文 | 隶书 | 楷书 |

**字形分析：**

甲骨文字形就像一支箭。金文字形在箭杆上多了一个实心点，强调箭身。隶书后发生形变，象形意味减弱。

**本义：**

箭。

**基本字义：**

（1）箭。弓～。

（2）发誓。～志不渝（发誓立志，永不改变）。

**常用词组：**

矢不虚发　有的放矢　无的放矢　众矢之的

清代弓箭

**小锦囊：**

汉字中，"矢"是一个部首字。用"矢"组成的汉字大都与箭有关，如"知""短""矫"等。

矛 〖máo〗：lance

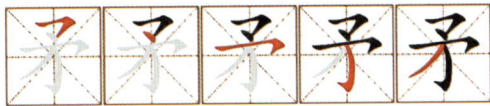

笔画数：5　　部首：矛　　造字法：象形

**字形演变：**

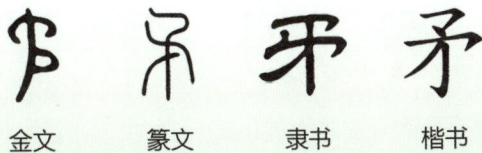

金文　　篆文　　隶书　　楷书

**字形分析：**

金文字形像是一把长柄的武器。上部是微弯的刀刃，柄上有一个圆环，可以穿上绳子绑在身上或车上。楷书字形沿用隶书的写法，象形的特点不易辨识了。

**本义：**

长矛。

**基本字义：**

古代用来刺杀敌人的长柄兵器。~盾。

战国成都矛

**常用词组：**

长矛　矛头　自相矛盾

**小锦囊：**

汉字中，"矛"是一个部首字。用"矛"组成的汉字大都与箭有关，如"矜 (qín)"。也有一些字中的"矛"是声符，如"柔""茅"。

盾〖dùn〗：shield

笔画数：9　　　部首：厂　　　造字法：象形

**字形演变：**

甲骨文　　金文　　篆文　　隶书　　楷书

**字形分析：**

甲骨文字形像一块长方形的盾牌，中间是抓盾的把手。篆文字形变为上下结构，下部添加"目"指人，说明盾是保护士兵的兵器。

**本义：**

盾牌。

**基本字义：**

古代打仗时防护身体、挡住敌人刀箭的牌。～牌。

彩绘持盾步兵俑

**常用词组：**

盾牌　矛盾　后盾

**小锦囊：**

盾是战争中保护身体的兵器。汉字中，"盾"可以作偏旁组成汉字，并且多充当声符，如"遁""循"。

"盾"的本义是兵器"盾牌"，后引申作后盾，比喻支持和援助的力量，如"这次他一点儿也不害怕，因为有家人做他坚强的后盾。"

# 练习题

**1.书写练习。**

bīng 　ノ　ґ　ㄏ　斤　丘　乒　兵

兵

gē 　一　弋　戈　戈

戈

shǐ ノ ㇒ 匚 午 矢

矢

máo ㇇ ㇇ マ 予 矛

矛

dùn ㇇ 厂 斤 斤 斤 所 所 盾 盾

盾

**2.写出含有下列偏旁的汉字。**

例：夫 ___扶___ ___肤___ ___芙___

　　兵 _____ _____ _____

　　戈 _____ _____ _____

　　矛 _____ _____ _____

**3.比较下列汉字，并注上拼音。**

戈（　） 犬（　） 弋（　）

矢（　） 失（　） 夫（　）

矛（　） 予（　） 亏（　）

盾（　） 看（　） 眉（　）

**4.请用所给汉字组词并造句。**

兵（　）_____

戈（　）_____

矢（　）_____

矛（　）_____

# 第四节　征　战

甲 〖jiǎ〗：first；shell；nail

笔画数：5　　　部首：丨　　　造字法：象形

字形演变：

甲骨文　　金文　　篆文　　隶书　　楷书

字形分析：

甲骨文字形像草木破土而出、冲破外皮生长的样子。还有一些甲骨文写作 ，像古代军人作战时穿在身上的护身衣。篆文、隶书和楷书字形相似，但逐渐看不出象形的意味。

本义：

植物果实的外壳。

基本字义：

（1）中国传统表示顺序的符号，相当于"第一"。～子。～等。

头盔

（2）手指或脚趾上的角质硬壳。指～。

（3）古代军人打仗穿的护身衣服，用皮革或金属叶片制成。盔～。～兵。～士。

（4）某些动物身上有保护功能的硬壳。龟～。

**常用词组：**

甲乙　花甲　甲壳　甲骨文　装甲车

**小锦囊：**

中国古代用天干地支纪年，60年循环一次，称为一个甲子。所以我们用"花甲"形容年龄为六十岁的老人。

旗〖qí〗：flag；banner；standard

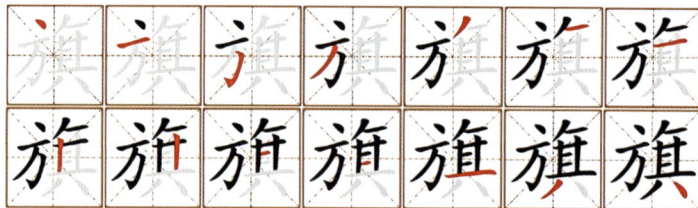

笔画数：14　　　部首：方　　　造字法：形声

**字形演变：**

燎　旗　旗

篆文　　隶书　　楷书

**字形分析：**

篆文字形是左右结构，左边是形符　（方），右边是声符　（其），隶书和楷书都与篆文同形。

**本义：**

旗子。

**基本字义：**

（1）旗子。国~。红~。

（2）和中国满族有关的。~人。

清代云纹飞虎旗

**常用词组：**

旗子　旗杆　升旗　旗袍　旗鼓相当　旗开得胜

**小锦囊：**

旗袍在 20 世纪 20 年代之后成为普遍的女子服装，能表现出女性贤淑、典雅、温柔、清丽的性情与气质，成为中国女装的典型代表。

战 〖 zhàn 〗： war； warfare； battle； fight

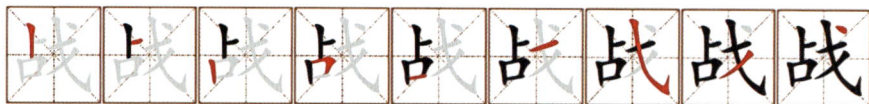

笔画数：9　　　部首：戈　　　造字法：形声

**字形演变：**

金文　　篆文　　隶书　　楷书

**字形分析：**

金文字形由两部分组成。￥是古代一种捕猎用的工具，也可用于杀敌；₹是战争常用

的兵器。两种武器同时出现，说明一场激烈的
战斗正在进行。楷书简体字将 ⚔ 写为"占"。

**本义：**
打仗。

**基本字义：**
泛指争斗，比高下。~争。论~。

**常用词组：**
战争　战斗　战场　挑战　实战

**小锦囊：**
　　"战"的本义是"战争"，而战争在任何时候，对任何国家、任何人来说都是一场灾
难。它还有一个引申义是"发抖"，常用的词语有"战战兢兢"。

敦煌莫高窟第285窟《五百强盗成佛图》（局部）

取 〖qǔ〗：take；get；fetch

笔画数：8　　　　部首：耳　　　　造字法：会意

**字形演变：**

甲骨文　　　金文　　　篆文　　　隶书　　　楷书

**字形分析：**

甲骨文字形由两部分组成。◊是"耳"字，ㄨ是右手。金文至楷书的字形结构都保持一致，楷书沿用了隶书的写法。

**本义：**

（捕获到野兽或战俘时）割下左耳。

**基本字义：**

（1）拿。索~。~回。

（2）得到。~暖。

（3）采取，选取。录~。可~。

**常用词组：**

取材　索取　取代　取长补短　取而代之

**小锦囊：**

在古代战争中，战胜的一方会把打败的俘虏或战死的敌人左耳割下来。"取"有"攻下、拿下"的意思，引申为"提取""娶妻"等义。表示"娶妻"义时，后来字形发生变化，写作"娶"。

# 练习题

**1.书写练习。**

jiǎ　丶 冂 冃 日 甲

甲

qí　ノ 一 亍 方 方 方 扩 扩 旂 旂 旆 旗 旗

旗

zhàn　丶 卜 ト 占 占 占 战 战 战

战

qǔ　一 厂 厂 厂 厅 耳 耳 取 取

取

**2.比较下列汉字，并注上拼音。**

甲（　　）　　阜（　　）　　早（　　）

旗（　　）　　祺（　　）　　琪（　　）

取（　　）　　敢（　　）　　职（　　）

**3.请用所给汉字组词并造句。**

甲（　　）_____

旗（　　）_____

战（　　）_____

取（　　）_____

**4.请选出下列汉字中共有的部件。**

例：要 耍（ A ）　　A.女　　B.西　　C.而

（1）旗 期（　　）　　A.方　　B.其　　C.月

（2）战 钻（　　）　　A.占　　B.戈　　C.钅

（3）取 饵（　　）　　A.又　　B.耳　　C.饣

# 第六章  传统文化

# 第一节　纸　笔

纸〖zhǐ〗：paper

笔画数：7　　　　部首：纟　　　　造字法：形声

字形演变：

篆文　　　隶书　　　楷书

**字形分析：**

篆文字形由两部分组成，左边是形符🔅（纟），右边是声符🔅（氏）。此后字形没有大的改变。

**本义：**

纸张。

**基本字义：**

（1）纸张。～张。白～。

（2）量词。一～空文。

**常用词组：**

报纸　纸币　纸片　剪纸　纸上谈兵　纸包不住火

**小锦囊：**

　　"纸"的形符是"纟"，说明人们很早就使用丝帛（bó）作为书写的材料。造纸术发明于西汉时期，当时人们把蚕丝、树皮、麻头、渔网等作为原料，制作出可以书写的纸。造纸术对推动中国的文明进程发挥了重要作用，是中国古代四大发明之一。

**笔**〖bǐ〗：pen；pencil；writing brush

笔画数：10　　　部首：竹　　　造字法：会意

**字形演变：**

甲骨文　　金文　　篆文　　隶书　　楷书

**字形分析：**

　　甲骨文字形由上、下两部分组成，是右手，像开衩的笔形，意思是右手拿笔。篆文字形增加形符"竹"，表示笔的材质。楷书字形简化后，将"聿"改写为"毛"，主要体现毛笔的材质。

**本义：**

毛笔。

清代毛笔

**基本字义：**

（1）写字、画图的工具。铅~。钢~。

（2）组成汉字的点、横、直、撇、捺等。~画。~顺。

（3）像笔一样直。~直。~挺。

**常用词组：**

毛笔　笔试　笔记　文笔　随笔　妙笔生花

**小锦囊：**

　　早期毛笔的笔杆用竹子做成，笔头用动物毛做成。汉代以后，笔的制作工艺越来越讲究。笔杆的材质越来越多，装饰也越来越丰富，笔头的原料有兔毛、羊毛、狼毛等，有软硬之分，称作软毫、硬毫。

书 【shū】：book

笔画数：4　　　部首：乛　　　造字法：形声

**字形演变：**

金文　　　篆文　　　隶书　　　楷书

**字形分析：**

　　金文字形由两部分构成，上部聿（聿）是"笔"字最初的写法"聿（yù）"，表示书写的意思；下部者（者）是声符。楷书简体字为了方便书写，笔画变得更加简洁。

**本义：**

书写、记录。

**基本字义：**

（1）著作。～籍。～稿。

（2）写字或写的字。～桌。～画。

（3）字体。隶～。楷～。

（4）信。～信。

（5）文件。证～。说明～。

**常用词组：**

书刊　书包　书房　书架　图书　书法　行书

**小锦囊：**

常言道："书是人类进步的阶梯。""书籍就是力量。"和书相关的成语也非常多，如"全神贯注""夜以继日""专心致志""好学不倦""温故知新""废寝忘食"等。这些成语虽然没有"书"字，但都是夸赞喜爱读书、认真读书的人或行为。

画〖huà〗：draw；picture

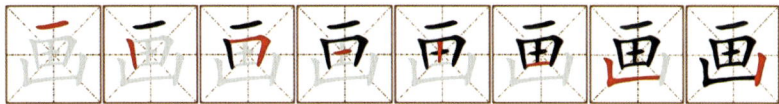

笔画数：8　　　部首：一　　　造字法：会意

**字形演变：**

甲骨文　　金文　　篆文　　隶书　　楷书

**字形分析：**

甲骨文字形上部 ✗ 是"聿"，是手执笔的样子；下部 ✗ 是"文"，意思是说手中拿着笔，画出花纹线条。金文字形下部改写，像人拿笔在画田地的界线。楷书简体字保留了"田"这一字形，写作"画"。

**本义：**

划分界线。

永泰公主墓壁画《宫女图》（局部）

**基本字义：**

（1）画画。～图。～像。

（2）图画。年～，油～。

（3）字的一笔称一画。笔～。

**常用词组：**

图画　国画　画面　画笔　画饼充饥　画蛇添足

**小锦囊：**

壁画是中国绘画的重要组成部分。中国目前已发现的最早的壁画是汉代作品，唐代壁画水平达到最高。其内容有神话传说、宗教故事、历史故事以及生活场景，内容丰富，色彩鲜艳，形象生动。

# 练习题

**1.书写练习。**

zhǐ　　纟　纟　纟　纸　纸　纸

纸

bǐ ノ ト ゲ ゲ ゲ 竻 竻 竻 竻 竻 笔

| 笔 | | | | | | | | | | | | | | |
|---|---|---|---|---|---|---|---|---|---|---|---|---|---|---|

shū フ ヲ 书 书

| 书 | | | | | | | | | | | | | | |
|---|---|---|---|---|---|---|---|---|---|---|---|---|---|---|

huà 一 厂 厂 厄 丙 丙 画 画

| 画 | | | | | | | | | | | | | | |
|---|---|---|---|---|---|---|---|---|---|---|---|---|---|---|

**2.比较下列汉字，并注上拼音。**

纸（　　　）　　　经（　　　）　　　绞（　　　）

笔（　　　）　　　笺（　　　）　　　笼（　　　）

书（　　　）　　　韦（　　　）　　　节（　　　）

画（　　　）　　　函（　　　）　　　匣（　　　）

**3.请用所给汉字组词并造句。**

纸（　　　）_____

笔（　　　）_____

书（　　　）_____

画（　　　）_____

**4.请选出下列汉字中共有的部件。**

例：要　耍（ A ）　　　A.女　　　B.西　　　C.而

（1）纸　低（　　　）　　　A.纟　　　B.氏　　　C.亻

（2）笔　筼（　　　）　　　A.竹　　　B.毛　　　C.土

（3）画　凶（　　　）　　　A.一　　　B.乂　　　C.凵

# 第二节　典籍

言〖yán〗: speech; word

笔画数：7　　部首：言　　造字法：会意

**字形演变：**

甲骨文　金文　篆文　隶书　楷书

**字形分析：**

甲骨文字形由上、下两部分组成。的字形像是刻字用的刀，也是声符；是形符，表示人正在说话。两个字义合在一起表示用刀刻字记录语言。隶书字形又进行了简化，书写更方便了。

**本义：**

讲，说。

**基本字义：**

（1）话。~论。语~。

（2）说。自～自语。

**常用词组：**

发言　言论　前言　谣言　三言两语　妙不可言

**小锦囊：**

汉字中，"言"是一个部首字。用"言"（讠）组成的汉字大都与言语有关，如"语""谈""谓""谅"等。

文〖wén〗：character；language；article

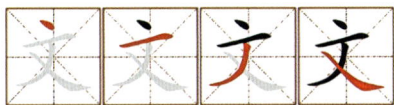

笔画数：4　　　　部首：文　　　　造字法：象形

**字形演变：**

甲骨文　　金文　　篆文　　隶书　　楷书

**字形分析：**

甲骨文字形像线条交错的花纹。金文由两部分组成，是形符，是声符。从篆文开始，沿用甲骨文的字形。

**本义：**

花纹。

**基本字义：**

（1）文字。甲骨～。

（2）语言。中～。英～。

（3）文章。作～。课～。

（4）人类在社会发展过程中创造的物质和精神方面的财富。～化。～明。

**常用词组：**

文字　文具　语文　文学　文章　文艺　文不对题

**小锦囊：**

汉字中，"文"是一个部首字。用"文"字组成的汉字大都与文采有关，如"斌""斐"等。

册〖cè〗：volume；book

笔画数：5　　　部首：丿　　　造字法：象形

**字形演变：**

甲骨文　　　金文　　　篆文　　　隶书　　　楷书

**字形分析：**

甲骨文字形中⺊⺊表示竹简，⌒像是把竹简串在一起的皮绳。从金文开始，字形一直沿用甲骨文的写法。

**本义：**

编好的竹简。

**基本字义：**

（1）有特殊用途的书或本子。纪念～。画～。

（2）量词，指书籍。一～书。

**常用词组：**

册子　名册　注册　花名册　点名册

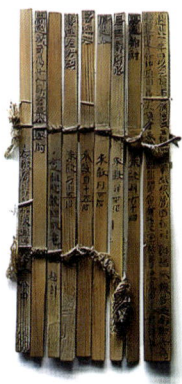

**小锦囊：**

相关成语有"学富五车"，形容人读过很多书，知识很丰富。一个人能读"五车"那么多书吗？原来古时的书都是用竹简穿成的，一册书由很多竹简组成，所以就显得读过的书特别多。

竹简

篇 【piān】：a piece of writing

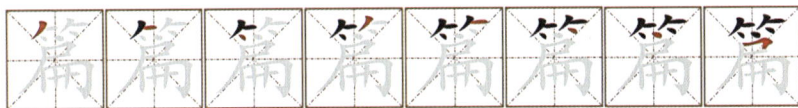

笔画数：15　　　部首：⺮　　　造字法：形声

**字形演变：**

篆文　　　隶书　　　楷书

**字形分析：**

篆文字形由两部分组成，⺮是形符，扁（扁）是声符。此后的字形都与篆文一致。

**本义：**

竹简。

**基本字义：**

（1）完整的文章或诗词。～章。诗～。

（2）量词，指文章、纸张、书页。一～论文。

**常用词组：**

篇目　全篇　篇幅　开篇　千篇一律

**小锦囊：**

古代文字写在竹简上，为保持完整，用绳子或皮条编在一起，称为"篇"。所以"篇"和书籍有关。今天文章、作品的量词就是"篇"。

典〖diǎn〗：standard；law；canon

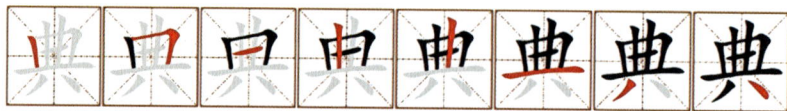

笔画数：8　　　部首：八　　　造字法：会意

**字形演变：**

甲骨文　　金文　　篆文　　隶书　　楷书

**字形分析：**

甲骨文字形由上、下两部分组成，上部 ⊞ 是"册"，下部 人人 是两只手，字义是用手举着竹简。金文字形下部进行改写，表示把书册放置在书案上的意思。这种构形一直到楷书都没有改变。

**本义：**

重要的文献或书籍。

**基本字义：**

（1）标准，法则。~章。~故。

（2）可以作为标准的书籍。~籍。字~。

（3）指典礼。盛~。大~。

**常用词组：**

词典　法典　典范　典雅　古典

**小锦囊：**

"典"的甲骨文字形像双手捧着竹简的样子，显得非常尊敬，本义是指有垂范价值的重要文献书籍。典籍的内容是要人们信奉遵守的，因此引申为"准则、法律"，如"词典""法典"。

# 练习题

**1.书写练习。**

yán　丶　二　亠　言　言　言

言

wén ㇔ 一 ナ 文

文

cè ノ 门 刀 刑 册

册

piān ノ ⺮ ⺮ ⺮ ⺮ ⺮ ⺮ ⺮ 笃 笃 篇 篇 篇 篇 篇

篇

diǎn ㇔ 冂 日 由 曲 典 典 典

典

---

**2.写出含有下列偏旁的汉字。**

例: 夫　　扶　　　肤　　　芙

言　＿＿＿＿　＿＿＿＿　＿＿＿＿

文　＿＿＿＿　＿＿＿＿　＿＿＿＿

典　＿＿＿＿　＿＿＿＿　＿＿＿＿

---

**3.比较下列汉字，并注上拼音。**

言（　　）　　吾（　　）　　音（　　）

文（　　）　　交（　　）　　支（　　）

册（　　）　　卅（　　）　　州（　　）

---

**4.请用所给汉字组词并造句。**

言（　　）＿＿＿＿＿＿＿＿＿＿＿＿＿＿＿＿＿＿

文（　　）＿＿＿＿＿＿＿＿＿＿＿＿＿＿＿＿＿＿

篇（　　）＿＿＿＿＿＿＿＿＿＿＿＿＿＿＿＿＿＿

典（　　）＿＿＿＿＿＿＿＿＿＿＿＿＿＿＿＿＿＿

# 第三节　音　乐

音 〖yīn〗: sound; note; pronunciation

音 音 音 音 音 音 音 音 音

笔画数：9　　　部首：音　　　造字法：指事

**字形演变：**

金文　　篆文　　隶书　　楷书

**字形分析：**

金文字形由上、下两部分构成，下部 是"言"，其中"～"表示口中发出有节奏的声音。此后字形变化不大。

**本义：**

声音，特指有节奏的声。

**基本字义：**

（1）声音。声～。～乐（yuè）。

（2）信息，消息。～信。佳～。

西汉奏乐木俑

**常用词组：**

声音　读音　发音　音调　音标　录音

**小锦囊：**

汉字中，"音"是一个部首字。用"音"组成的汉字大都与声音有关，如"韵""章""竟"等。

乐 〖yuè〗：music

笔画数：5　　　　部首：丿　　　　造字法：象形

**字形演变：**

甲骨文　　　金文　　　篆文　　　隶书　　　楷书

**字形分析：**

甲骨文字形由两部分构成，𝕐（丝）是形符，表示丝弦，是一种乐器。米是"木"，表示材质。楷书简体字简化了笔画，书写更加方便简洁。

**本义：**

乐器。

东汉歌舞宴乐画像石拓片

**基本字义：**

音乐。~器。

**常用词组：**

音乐　乐队　乐团　配乐

**小锦囊：**

"乐"的本义是乐器，后来引申出"音乐"的意思。再后来又引申出"欢喜，快活"的意思，读作"lè"。

鼓〖gǔ〗：drum

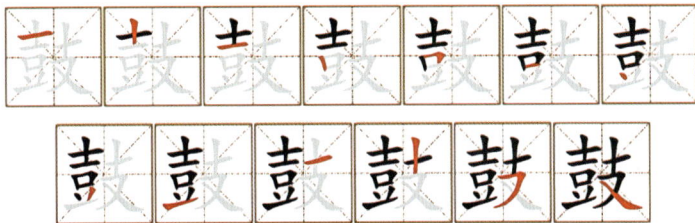

笔画数：13　　　部首：鼓　　　造字法：会意

**字形演变：**

甲骨文　　　金文　　　篆文　　　隶书　　　楷书

**字形分析：**

甲骨文字形由左、右两部分组成。 是一面鼓的形状， 像是手拿鼓槌（gǔchuí），字形表现敲击鼓面的情景。隶书将右部改为"皮"，表示鼓面是用兽皮制作的。楷书字形参考了金文的写法，右部写为"支"。

**本义：**

一种打击乐器。

**基本字义：**

（1）一种打击乐器，多为圆桶形，单面或双面有皮革。敲击或拍打使发出声音。石 ~。腰 ~。

（2）凸起。~ 起。

（3）激发，使振作起来。~ 励。一 ~ 作气。

商代兽面纹鼓

**常用词组：**

敲鼓　鼓捣　鼓点　鼓动　鼓吹　鼓舞

**小锦囊：**

中国古代有名的哲学家荀子认为鼓是音乐之王。鼓在古时被广泛运用于战场及各类节日庆典，用来鼓舞士气、烘托气氛。

琴 〖qín〗：general name for certain musical instruments

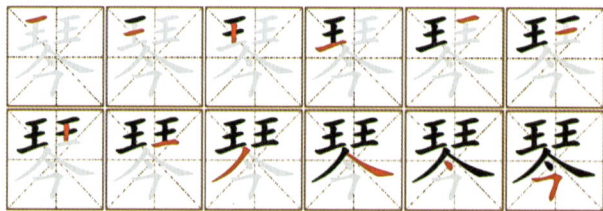

笔画数：12　　　部首：王　　　造字法：形声

**字形演变：**

篆文　　隶书　　楷书

**字形分析：**

篆文字形下部的 ∩ 表示琴体，上部的 玨 表示琴弦，┃ 表示琴柱，是象形造字法。楷书保留了篆文的上半部，下方改写为"今"字，是声符。

**本义：**

古琴。

**基本字义：**

某些乐器的统称。钢～。小提～。

宋代古琴"一池波"

**常用词组：**

琴曲　弹琴　琴声　琴键

**小锦囊：**

古琴是一种弹拨乐器，利用按弦时改变琴的音调，在琴弦上奏出不同的音。古琴的出现，是中国音乐史上一次大的进步。

# 练习题

**1.书写练习。**

yīn　丶　亠　宁　立　产　音　音　音

音

yuè　丿　匚　乒　乐　乐

乐

gǔ 一 十 士 吉 吉 吉 吉 壴 壴 壴 鼓 鼓

鼓

qín 一 二 干 王 王 珏 珏 珏 珡 琴 琴

琴

**2.比较下列汉字，并注上拼音。**

音（　　） 晋（　　） 育（　　）

乐（　　） 氏（　　） 采（　　）

鼓（　　） 豉（　　） 吱（　　）

**3.请用所给汉字组词并造句。**

音（　　）_____

乐（　　）_____

鼓（　　）_____

**4.请选出下列汉字中共有的部件。**

例：要 耍（ A ）　　A.女　　B.西　　C.而

（1）音 站（　）　　A.立　　B.日　　C.占

（2）鼓 彭（　）　　A.士　　B.支　　C.氵

（3）琴 衾（　）　　A.王　　B.今　　C.衣

# 第四节　医　药

病 〖bìng〗: disease；illness；sickness

笔画数：10　　　部首：疒　　　造字法：形声

字形演变：

肪　病　病

篆文　　隶书　　楷书

字形分析：

篆文由两部分组成，∏像一张病床，表示字义与病痛有关。丙是声符。隶书、楷书将左边的形符改为"疒"字头。

本义：

重病。

基本字义：

（1）人或动植物发生不健康的状态。疾～。～症。

（2）缺点，错误。语～。通～。

**常用词组：**

生病　病人　病历　病毒　弊病

**小锦囊：**

古代称轻病为"疾"，重病为"病"。汉字中，"病"（疒）是一个部首字。用"疒"组成的汉字大都与病痛有关，如"痛""疼""疯""症"等。

疾〖jí〗：disease；sickness；illness

笔画数：10　　　　部首：疒　　　　造字法：会意

**字形演变：**

甲骨文　　　金文　　　篆文　　　隶书　　　楷书

**字形分析：**

甲骨文字形由左、右两部分组成，右边 ⺆ 是一张床，左边 ⻊ 像一个人躺在床上，满身大汗，样子虚弱极了。金文字形中，⻊ 表示人，⻊ 是"矢"，是箭的意思，是说这人被射中，受了箭伤。两个字形都表示疾病的意思。

**本义：**

疾病。

**基本字义：**

（1）病。～病。

（2）生活上的痛苦。～苦。

（3）速度很快。眼～手快。

**常用词组：**

疾病　残疾　疾走

**小锦囊：**

"矢"是箭。因为箭射出后速度很快，所以"疾"又有"迅速"义，如"疾走""眼疾手快""奋笔疾书"。

药〖yào〗: medicine; drug; remedy

笔画数：9　　　　部首：艹　　　　造字法：形声

**字形演变：**

金义　　　篆义　　　隶书　　　楷书

**字形分析：**

金文字形由两部分组成，是形符，指草药；（乐）是声符，表读音，同时也表示借助草药解除了病痛，是一件快乐的事。楷书简体字将下部的"乐"改为"约"，意思是草药能制约病情的发展，最终使病情好转。

**本义：**

指治病的药草。后来指药草的总称。

**基本字义：**

（1）可以治病的东西。～材。中～。

（2）有一定化学作用的物品。火～。炸～。

**常用词组：**

药店　药品　药物　药到病除　良药苦口

**小锦囊：**

中医已经有几千年的历史，从东汉华佗到明代李时珍，他们都对中医学作出了巨大贡献。李时珍编写的《本草纲目》，集 16 世纪之前中国药学之大成，被誉为"东方药学巨典"。

医 〖yī〗：doctor

笔画数：7　　　部首：匚　　　造字法：会意

**字形演变：**

醫　　醫　　医

篆文　　隶书　　楷书

**字形分析：**

篆文字形由上、下两部分构成。殹（殹）表示病人发出的痛苦的呻吟声，酉（酉）是酒，古人认为酒是很好的治病救人的药物。楷书简体字只保留了之前字形的一小部分，书写简洁方便。

**本义：**

为人治病。

**基本字义：**

（1）医生。~生。~德。

（2）医学。西~。中~。

（3）治疗。~术。

**常用词组：**

医疗　医院　医术　医学　就医

**小锦囊：**

中国有个成语叫"讳（huì）疾忌医"，意思是说隐瞒（yǐnmán）疾病，不愿医治。现在比喻怕人批评而掩饰自己的缺点和错误。

# 练习题

**1.书写练习。**

bing　丶　一　广　广　广　疒　疒　疠　病　病　病

| 病 | | | | | | | | | | |
|---|---|---|---|---|---|---|---|---|---|---|

jí　丶　一　广　广　广　疒　疒　疒　疾　疾

| 疾 | | | | | | | | | | |
|---|---|---|---|---|---|---|---|---|---|---|

yào　一　艹　艹　苧　苧　茐　药　药

| 药 | | | | | | | | | | | | | |

yī　一　厂　厂　匸　至　医　医

| 医 | | | | | | | | | | | | | |

---

**2.比较下列汉字，并注上拼音。**

病（　　　）　　痛（　　　）　　疼（　　　）

疾（　　　）　　痰（　　　）　　疚（　　　）

药（　　　）　　苻（　　　）　　芬（　　　）

医（　　　）　　匿（　　　）　　匪（　　　）

---

**3.请用所给汉字组词并造句。**

病（　　　）_____

疾（　　　）_____

药（　　　）_____

医（　　　）_____

---

**4.请选出下列汉字中共有的部件。**

例：要　耍（ A ）　　A.女　　B.西　　C.而

（1）病　疚（　　）　　A.疒　　B.丙　　C.久

（2）药　荷（　　）　　A.艹　　B.勺　　C.可

（3）医　匿（　　）　　A.匚　　B.矢　　C.艹

# 参考文献

［1］董瑾.字趣：汉字里的古人生活［M］.合肥：黄山书社，2015.

［2］何大齐.万有汉字：《说文解字》部首解读［M］.北京：生活·读书·新知三联书店，2018.

［3］胡朴安.文字学常识［M］.济南：山东画报出版社，2017.

［4］刘毓庆.汉字浅说［M］.北京：商务印书馆，2017.

［5］彭军.汉字的前世今生［M］.北京：中华工商联合出版社，1987.

［6］王贵元.汉字与文化［M］.北京：中国人民大学出版社，2005.

［7］王宁.汉字与中华文化十讲［M］.北京：生活·读书·新知三联书店，2018.

［8］许进雄.文字小讲［M］.天津：天津人民出版社，2016.

［9］于照洲.汉字知识与汉字教学［M］.北京：北京语言大学出版社，2017.

［10］邹晓丽.基础汉字形义释源：《说文》部首今读本义［M］.北京：中华书局，2007.